ANDRÉ
KOSTOLANY

安德烈・科斯托蘭尼 著

鄧小紅、梁東方 譯

vol.4

一個投機者的
股市解答之書

KOSTOLANYS BÖRSENSEMINAR

FÜR KAPITALANLEGER UND SPEKULANTEN

目次

短期、中期、長期投資

買股策略

各種投資標的和交易方式：不動產、債券、原物料

投機者應具備哪些特質

投機者的思考

投機者賺多少錢

投機者的日常

第4篇 股市週期的解答

景氣與股市

固執的人、猶豫的人

牛市與熊市的週期

第5篇 推動股市的力量

機構的力量

政府的力量

左與右的角力

第6篇　股市心理學和消息面

借錢買股票

專家的建議

推薦序　科斯托蘭尼的股市培訓班

在《一個投機者的告白之股市心理學》這本書，科斯托蘭尼實現了我一直以來的一個願望，他寫下在豐富多采的一生中，存在他幽默地稱為「個人電腦」（就是他的大腦）中的實用知識和經驗。同時，他書中講了過去十二年來我們股市培訓班上提出的許多問題。

我第一次見到科斯托是在一九六九年底巴伐利亞抵押貸款銀行（Bayerischen Hypothekenbank）的投資會議上。波昂經濟部長級委員解釋了《外國投資法》的保護作用，並強調了資金作為投資工具的有用性。他透過這樣的形象比喻：「如果你買不起自己的汽車，就必須搭公車，基金就是為了不能或不想買股票的小市民扮演公車的角色。」「但是你知道外國公車司機有沒有駕照嗎？」觀眾中有位紳士問道。我對他的面孔很熟悉，因為我在紐約時就常買《資本》（*Capital*）雜誌來看，注意到擔任專欄作家的科斯托蘭尼。眼下我有了機會，在活動結束後真正認識他。

他曾經寫道，德國人的投資經驗落後別國三十年，否則就不會受騙，惹出IOS事件，他是少數為事件敲響警鐘的人之一。我不僅接受他的觀點，而且他那大無畏的態度也很吸引我。我問他，為了幫助缺乏經驗的德國人補課，他是不是願意把他自從一九二九年華爾街大崩盤以來四十多年（當時）的點點滴滴經驗，在適當的場合講給德國的觀眾聽。

他的回答是非常願意和合適的夥伴一起做。自從他答應這份工作，為了履行承諾，也為了客戶，每天都在絞盡腦汁地冥思苦想。這就是我們合作的開始，我們會說這是我們的「合資企業」。

是在退休年齡到來之際，科斯托蘭尼開始了他這個第二次職涯（就像艾德諾〔Konrad H. J. Adenauer〕也是在這個年齡成了德國總理）。我們所做的是在當時的德國還鮮為人知的行業：私人的、個人的資產管理，也就是今日私人銀行的雛形。

不久之後，就有了開辦股票培訓班的想法。我們的第一期是一九七四年十月在慕尼黑開辦的，只來了三個學員。當時股市氣氛糟到極點：石油價格翻了兩倍；如脫韁之馬拽也拽不住的通貨膨脹；人們紛紛湧向黃金、房地產和實物資產；道瓊指數跌到了五八

○點，FAZ指數跌到一六○點，關於西方國家被出賣給石油酋長以及一九二九年大崩盤又要來臨的消息流傳甚廣，一言以蔽之，是一種「末日」的感覺。然而課堂上傳來的卻不是絕望和失落：「現在開始逐步買進！」這個建議很好，不到兩個月，股市開始止跌上揚，道瓊指數升到一○○○點。當時我們都不敢想像，慕尼黑的這次培訓班竟會是一場光榮運動的開始，因為，打那以後，我們又辦了近百次培訓班，今天的學員人數翻了十倍。

科斯托蘭尼先生，作為一位讚揚純正的資本主義、反對死板僵硬的工作作風的鬥士，又是當權者害怕的人，竟成了一位開先河者；他是一位股票知識教授，是先實踐、後理論，用自己付的金錢換經驗的教授，別的大多數人是先理論、後實踐，從別人的金錢裡獲得自己的經驗。

幾年前，當科斯托蘭尼談到我們德國人時，引用一個維也納喜劇作家的話：「德國人不但工作得特別多，而且是樂於工作。他們命該如此！」不過，他也百思不得其解，為什麼我們現在感染了頹廢的細菌，只想著放假和提前退休？

科斯托蘭尼寫這本書也是為了自己。他不用再耐著性子面對那些冗長的問題，盡可打斷問話者，直接告訴他：「親愛的朋友，您可以讀一下我的書，因為您肯定能從書中找到答案，而且還能得到更多您目前沒有想到的問題和答案！」

哥德佛利・黑勒（Gottfried Heller）

（本文作者為科斯托蘭尼的多年合作夥伴）

自序　給人一條魚，不如教他怎麼釣魚

「給人一條魚，不如教他怎麼釣魚」，每當有人讓我給他們建議時，我就用這句格言回答。我的「建議」就是「魚」你必須自己去釣。把建議當禮物送人，說白了，就是某群人、某個集團或某個金融機構為了賣股票而向大眾所做的口碑行銷而已。接受這些建議的大眾買入這些股票，就把行情推到高點。不斷攀升的股票價格又吸引了新買家，那些個樂善好施給出建議的群體也就達到了目的。大多數情況下，這就是那些所謂的建議所起的作用。

人要想成功，就不能聽從那些建議，而是必須有自己的觀點、主意、想法，這意味著能獨立思考、自己去找訣竅，就好像是一位稱職熟練的漁夫能自己釣魚一樣。

為了判斷什麼時候該買進、賣出或按兵不動，我們就必須學會股票市場上變幻莫測的上漲和下跌的機制，這是最重要的。

我的建議不是基於經濟學，而是出自個人的經驗。

我對經濟和金融方面所知不多，我的知識不是從大學課堂或者教科書上學來的，而是在股市叢林實踐中得到的，我為此付出的學費，肯定比在美國哈佛商學院就學高得多。

在我六十五年的股票投機生涯中，我先後在七十八個不同的交易所（證券交易所和原物料市場），接觸七十三家各種類型的經紀公司。

今天我自己都算不出，在過去的這麼多年裡我到底出手過多少筆交易，當然，有時得手，有時失手。

我有時做當沖，有時做長線，甚至放到五年。自從一九二四年以來，就像現在這樣，我沒有一天是不去股市上轉轉、或不琢磨琢磨股市行情便徑直上床睡覺的。

我做現貨，也做期貨，還做槓桿，買債券、買股票，還有所謂的「藍籌股」，但我也投機沒有黃金的金礦期貨、沒有原油的石油股，還有瀕臨破產的公司股票。我思維活躍，交易方式不拘一格，在華爾街上的人還不知道什麼是選擇權、也不懂所有可投機的商品時，我就做了各種方向的選擇權交易。

過去我常被人們稱為股市大師、炒股專家。儘管如此，我也破產過。頃刻間一切化為烏有，負債累累，甚至有過自殺的念頭。為了能使自己從戲劇性的冒險中存活下來，我需要很大的勇氣、智慧、精力、耐心，當然還有運氣。你可以說：一個真正的投機者就像一個「不倒翁」。

我的一生經歷過世界大戰、大大小小的革命、內戰、經濟上的通貨膨脹和緊縮、貨幣的升值和貶值、股票的癲狂漲幅和殘酷的狂瀉暴跌，但是我都能化險為夷，幸運地活了下來。確實，當一個投機者很困難。

因為股市行情總是超乎人們所能想像。為了把水攪渾，混淆人們的是非感，魔鬼時常出沒，要想絲毫不為之所動，談何容易。股市詭詐，風雲不定，難以預測，光靠理性判斷還不夠，你還必須預測人的反應。這也並非易事。

我的目的是以一種不複雜的簡單方式（就是非股市大師的方式）解剖股市的結構，以及說明我的觀點和方法：因為，什麼也比不上簡明扼要地回答簡明扼要的問題來得更明智、更有用的了。

我從親身經驗中總結出了答案，我需要的只是你們提出感興趣的問題。在大約一百期的股市培訓班裡（一萬五千名學員），在無數的大學、銀行、企業（從美國銀行〔Bank of America〕、德意志聯邦銀行〔Deutsche Bank〕到地區儲蓄銀行，從ＩＢＭ到杜邦公司〔Dupont〕、迪堡多富〔Nixdorf〕、施普林格媒體〔Axel Springer〕到狗食工廠）的講座裡，人們向我提出了上千個問題。在這本書裡，我總結了這些問題，讀者您肯定也正想問我類似的問題。

我很小心地訴說股市裡的軼事和歷史，讓讀者不只聽故事，還能得到一些切實可行的建議，在遇到類似問題時候真的能派上用場。儘管我總是很樂意講這方面的事，而且，在我前幾本書裡也確實寫了很多。

股市風雲、變幻莫測，真的要把所有可能發生、能夠想到的案例都分析研究出來，也是不可能的。因此，我獻上的不是一道色香味皆備的菜餚，而是一本食譜，您盡可依自己的口味烹調。

我相信您會成功的。祝您用餐愉快！

第1篇

股市基礎的解答

股市是什麼

1 什麼是股市？它有什麼用？

股市就是資本市場，是人們把錢換成股票（有價證券），或把股票換成錢的聚集地（從象徵意義上來說是股市，實體地點就是證券交易所）。

2 什麼是股票（有價證券）？

按法國人的說法，股票是動產——相對於不動產。人們可以按照由目前市場的供需情況而定的價格，在任何時間、以任何數量在證券交易所買入或賣出證券。在過去，股市的供需行情必須大聲向公眾宣布（用大聲喊叫的），以便讓每個對這支股票感興趣的人都能聽到，再按自己的意願調整手中的股票。在紐約交易所，人們不是透過用嘴大聲喊叫的方式，而是利用一種小紙條（ticker tape），人們在上面列明自己的交易清單，以什麼價位、買多少股（譯註：這種小紙條是指自動收報機用的紙條，放在收報機裡能自動收錄股市行情）。在全美國，甚至在歐洲一些大型城市的股票市場上也都在使用這種小紙條。人們能在許多美國老電影裡看到類似的鏡頭，某個大人物站在紐約百老匯大街的凱旋遊行隊伍前，臨街的摩天大樓的股票經紀人從窗口探出頭去，大把抓著這種小紙條扔向遊行的人群以示慶祝。當時大人物的受歡迎程度，就可以根據活動中小紙條有多少噸重來衡量。

在其他許多大型證券交易所裡的氣氛是不同的，比如說巴黎、蘇黎世、杜塞道夫、法蘭克福，尤其是芝加哥，在那裡人們習慣於大聲喊叫，整個交易大廳嘈雜異常；如果是新手的話，一定以為自己誤進了瘋人院。在倫敦的交易所，人們則要安靜得多，所有的股票交易都由稱作「jobber」（股票經紀人）的專職人士來操作。他不斷報出他準備買入或賣出的幾檔股票的行情。在瑞典首都斯德哥爾摩的情況不一樣，二次大戰前，在三〇年代，這裡就用上了計算機，機器上能顯示出每一筆買賣委託的情況，就像今天紐約股票市場上的經紀人在他的筆記本所做的一樣。

3 有價證券包含哪些東西？

有價證券指的是國內外所有的政府、城市、州縣發行的債券（又稱公債），或者私人企業上市的股票。股票是這些公司出具的股份票證，這些公司被稱為股份公司。

除此以外，人們也做可轉換債券、認股權證等以及各樣形式的有價證券，這些某種程度上可以說是一種股票與債券的混合體。經營所有各種有價證券的市場叫證券市場。

4 股票要用來做什麼？

一個公司的所有股份集中在一起，就組成了這個股份公司。股民透過購買股票，將手頭的資金交由公司運用。要是沒有這些錢，我敢說，就不會有整個十九和二十世紀的經濟發展成果，比如說鐵路、航運、蘇伊士運河，以及開採礦山和石油，也不會有自由市場經濟下的大型現代化工業的發展，像汽車業、航空業、電腦和電子業等。

5 原則上記名股票要比不記名股票貴一些嗎？

不是，情況恰恰相反。如果一個公司同時擁有兩種股票的話（在瑞士就常有這種情況），那麼，記名的股票要比不記名的股票便宜些。但是，只有瑞士人才有權利購買瑞士的記名股票。

6 股市扮演什麼角色？

如果您手頭寬裕，有結餘，就可以拿出這些多餘的錢買股票；當您需要現金時，可以賣出股票，把資金再換回來。股民可以購買新上市公司的原始股，如果想購買（或認購）股票就得去股市，如果要賣股票也一樣。股票操作方便，不必像買賣二手車那樣，還得在地方報紙或者什麼專門宣傳欄上刊登廣告，說我要買西門子一百股，或者是我想賣戴姆勒—賓士一百股。人們可以在股市進行交易。

7 人們靠股價波動掙來的錢原則上也要繳稅嗎？如果繳稅的話，稅率是多少？

在德國，如果這一買一賣的操作期短於六個月的話，是要繳稅的。

8 現代高科技工業為了創新，總是需要大量的資金注入。因此可以預計股票的發展潛力非常大？

是的，肯定是的。我必須再重複一遍：股份公司是一個私有企業不斷擴大發展的根基，沒有股市，就沒有股份公司；沒有投機，就沒有股市。一言以蔽之：股票投機對經濟發展來說是必不可少的。

9 這是否是說，買股這個賺錢方式愈來愈有吸引力了？

是的，一定是這樣。對每個儲戶來說，最大的問題將會是：哪一支股票會在哪個市場、什麼時候、什麼價格上市？這三個問題的答案將是最重要的。

10 股市的成交量有多大？

這要看是在哪個交易所，還要看是在什麼時機。當然，紐約或者東京交易所的成交量肯定要比米蘭或者馬德里之類的地方高得多。這關係到股票市場的規模，也關係到有多少人在這裡活躍。股票市場裡不僅有股票經紀人，還有投機者和玩家，這些人不做長線，只做短線（有時候，是幾天，有時候，甚至只是二十四小時）。按我的理解，我管這些投機者叫股市「寄生蟲」。他們只想殺進殺出，短到二十四小時，長也不過幾個月，出發點根本就不是真正地把錢投進某家公司裡去。

然而，這些「寄生蟲」也並非一無是處，他們的作用也不可忽視，股市上要是沒有了他們，人們就得去找他們。因為他們不停地買進、賣出、買進、賣出，就這麼來來去去，成交量就增加了。這也挺重要，因為成交量愈大，那些真正以炒股為生的人就愈有保障，他們隨時可以抽出自己的資金。在成交量大的股票市場做交易，人們可以大手筆地操作，是買進還是拋售，可以自作主張，不會對行情產生重大影響。這在規模小、成交量少的股市就做不到。因為，大手筆操作股票的時候，會使行情大幅波動。在成交量大的股票市場，如果股價上漲，每當價格升高四分之一個點，就會有新的人要買／賣；如果價格下跌，每當價格下跌四分之一個點，也會有新的人要買／賣；也就是對相關股票的新需求就會出現。就像是開車，一部十六汽缸引擎的車開起來，一定比四汽缸引擎的車要順手流暢得多。在這裡，「衝擊」被分攤稀釋了。

11 是否有獨立於證券交易所的市場？可以把它叫作黑市？

有，但只是在那些實行外匯管制的國家或者是不許實行自由經濟的國家才有。不過現在人們不管這種市場叫「黑市」了，而是稱之為「平行市場」，因為參與這個平行市場的人說，不是他們的交易不道德，而是法律和法令不道德。在過去七十年這個理論相當熱門，甚至可以寫出一本書來。

12 股市會令人上癮嗎？

我想，是的！我認識很多人，他們當初都只是很偶然地進入股市，然後就再也捨不得離開了。最好還是用下面這件事來說明這一點：一九二九年股票崩盤之後，紐約證券交易所好幾千個股票經紀人徹底破產了，必須另謀生路，甚至得去找個工作糊口。一天，有兩個股票交易所的同事見了面，其中一個問道：「你現在做什麼呢？」

「我幫公司賣牙刷呢，你呢？」

「坦白說，」第一個人回答道，「我還在股市上蹓躂呢。不過，你知道我夫人以為我在聲色場所裡彈鋼琴賺錢。」（其實，要是真到聲色場所彈鋼琴，也要比當股票經紀人好啊。）

13 股市會因為日新月異的媒體技術而變得更透明嗎？

透明度會愈來愈高，但每個人得出的結論未必愈來愈準確。快如閃電的各路資訊只對懂解讀的人有用。各種資訊，各路的小道消息，以及關於那些事件的各方評說等等，股民們對此如數家珍，但實際上又毫無價值——現今的大多數情況下就是這麼回事。我總是說：「人人都知道的事情，對我來說就無關緊要了。」重要的是正確解讀，而解讀往往是錯的，曲解新聞是很可怕的事。

然而，證券交易所業務中有個領域幾乎被迅雷不及掩耳之勢的電子通訊完全摧毀，那就是套利，即充分利用不同證券交易所之間的行情差異賺錢。遠在二十年前，套利交易就活躍在紐約、倫敦、巴黎、法蘭克福等地的交易所。在兩個城市之間的股票交易行情會有二%或三%的差額，先知道的人就能從中大賺其錢。他從這個城市的交易所買入證券，再到另一個城市的交易所以高出二%或三%的價格賣掉。如今股票交易所裡有永久性的電子通訊聯繫。股市行情差異可能只能持續幾秒，並立即被敉平。當時是透過電話聯繫，交易的訣竅是能夠比其他競爭對手早一分鐘和另一個地方接通電話。能幹的套利者就想盡辦法盡快連上電話中心。那個時候，電話還不是自動的，所以，他們還得和電話接線小姐搞好關係，送她們香水、糖果，有時還帶她們出去玩，就為了能優先接聽電話。我甚至結識了一個精通此道的套利者，他竟和一個電話接線小姐擦出愛的火花，那位小姐嫁給了他。一位歌舞表演者曾經這樣唱道：「哈囉，可愛的接線精靈，告訴我，現在美元的行情。」

現在，這些人失去了賺錢的基地，他們不再打空間戰，而是改打時間戰。他們不再從兩個城市的股票交易所裡套利賺錢，而是轉為透過在今天和明天這兩個不同的時間點的行情差額套利。這不再是一種職業，而是一種遊戲。

短期、中期、長期投資

14 誰是股東？

就像前面所說的，有可能成為股東的人是那些有流動資產，出於各種原因希望將其投到股票中去的人。依其擁有數量的不同，他們是或大或小的資本家。這些人中有些想著天天在股票上「博一把」，他們就是「賭徒」，還有些人希望盤活手中的餘錢，我的意思是，他們透過觀察經濟情勢和中期行情震盪的前景，把各種證券換來換去，進行投機，這種人就是「投機者」。

我要強調的是「投機」，而不是「賭徒」。投機者是根據不同的情況：利率趨勢、政府的經濟及貨幣政策，還有技術因素等來投機。

15 您所說的「中期」指的是多長？

是指一至三年，也可能長達五年。

16 那長期是指多長時間？

長期投資指的準備多年持有證券，並長時間追蹤股價。持有者的動機是期望他買的股票的公司能長久地成長。比方說，多年來長期持有ＩＢＭ股票的股東，投入的資本早已翻了一百多倍。

17 短期投資的決定因素是什麼？

在短期內，經濟狀況與公司業績，對股價根本就不會有什麼影響。看些突發事件、近期新聞甚至是道聽塗說些小道消息等就夠了，因為很多人都是根據這些眼前事件來決定下一步的行動。這種結論在大多數時候有錯誤，或者被誤導，因為這些根本無法預測。影響股市行情的不是實際事件本身，而是大眾對該事件的心理反應。

有個非常典型的例子：一九三九年，德、英、法、義四國簽訂《慕尼黑協定》，讓德國吞併捷克斯洛伐克的蘇台德地區，當時歐洲股票市場態勢良好，因為希特勒向世界人民承諾，保證一千年的和平。德國領導者宣布對《慕尼黑協定》很滿意。英國首相張伯倫在下議院接受議員提出質詢後宣布，他根本不會懷疑希特勒的承諾，因為和平已得到了保障。無疑地，股市呈現出一片祥和之氣，特別是巴黎交易所。隨之而來的就是一個大驚喜——一九三九年三月十五日，希特勒出兵當時尚存的捷克斯洛伐克，占領布拉格，全世界為之震驚。張伯倫再次來到下議院，這一次他異常嚴肅，表示對希特勒違背諾言深感擔憂。他非常明確地強調，在這種情況下，如果希特勒再進攻但澤或波蘭，大不列顛會傾其所有人力、物力援助波蘭。這是一份嚴肅的聲明，像重磅炸彈一樣，整個歐洲股票市場隨之走弱。「千年和平」這個最大的願望被摧毀了。令人擔憂的狀態持續了幾個月，戰爭的恐懼感愈來愈強，很明顯，人們害怕，慢慢地賣掉股票，保留現金以備不時之需。這是一個很可理解、很合邏輯的反應。

一個不言可喻的問題是，眼下誰會是買主？我們已經談到，市場上總是要有買有賣，買者當然是樂觀的，他們相信，戰爭不會發生，希特勒會收手。隨之出現了一個觀點，說即使有戰爭，也不會持續多長時間。德國經濟非常弱勢，希特勒只是虛張聲勢，在戰爭持續了幾個月後，他一定會企求和平。接著，又出現了另外一個說法，認為反正股市行情已經這麼低了，有沒有戰爭都得買股票。特別是那些機構投資人，必須把手中的錢投出去，尤其那個時候的利率似乎對它們很有利。有些其他公司也有現金，就在這麼低的價位把股票又買回來了。於是股市很緩慢地走低，希特勒每有一個威脅，價格掉得更多，特別是在八月二十三日，德蘇雙方簽署《德蘇互不侵犯條約》之後，歐洲的命運已經註定了，因為德俄兩國已締結聯盟要瓜分波蘭。戰爭的陰霾不散。股市每下愈況，人們甚至想到了戰爭可能帶來的一切厄運：證交所關門，暫停所有付款。無論如何，都需要有足夠的勇氣，堅定的信念，才能買法國的股票。不僅巴黎股票市場如此羸弱，紐約和倫敦的股票交易所也一樣。我自己也做了最壞的打算。誰還能想像得出比戰爭更糟糕的事？極度緊張的日子之後，九月一日到了，他們襲擊了波蘭，九月三日法國和英國對德宣戰。但對我們股票交易員和股票經紀人來說，有個大驚喜：銀行沒關門，付款沒暫停，股市也不關閉，甚至匯市也沒關，也沒有外匯管制措施。所有驚喜中，最令人高興的消息是難以置信的：股市趨勢逆轉，價格飆升。誰能想像得到呢，戰爭爆發的反應卻是股市的瘋長，要如何解釋？

有各種各樣的理由，其中有一個就是技術狀況和「既成事實」現象（參見四五頁）。還有聽起來非常合乎邏輯的事實解釋：大眾已經飽受了一個月的恐懼的煎熬，所以，想把現金囤積起來，現在又開始了新篇章。這是一場戰爭，一場帶來了一切經濟上的惡果的戰爭。在民眾的心中，戰爭意味著通貨膨脹。通貨膨脹、貨幣貶值，讓人們想起第一次世界大戰。人們想把手中的錢換成有用的實物資產。一些不動產，人們在短時間內不容易買到。最快的辦法是把手裡的錢換成股票。在人們眼裡，股票比現金好。這種上漲的勢頭一直持續到德國對荷蘭的第一次攻勢爆發。然後股市就崩盤了，眾股民和賭徒突然意識到，戰爭即將開始。跌勢一直持續到了六月中旬德國軍隊攻占巴黎之時。接著，證券交易所終究關了門，人們開始從巴黎逃到法國未被德國占領的維琪（Vichy）去了。這種情況下開的交易所也只是一個象徵性的東西了，成交量微乎其微，價格也只是以前的一小部分。這就是股市！它風險難測，喜怒無常，似乎違背所有邏輯，尤其是日常生活的邏輯，日常邏輯與股市邏輯並不完全相同。

18 股市中期趨勢的決定因素是什麼？

利率和資本市場的流動性（編按：市場流通變現的容易程度）是對隨後幾個月——也就是中期——供給與需求孰領風騷的關鍵因素。利率，特別是長期利率，對債券市場來說有直接的影響。當債券的殖利率（編按：以債券資本利得及未來拿到的配息來推算出的年化報酬率）變低時，一部分資金就會流向股票市場。但是，這種利率效應要在股票市場上發揮作用卻得等上一段時間。不利因素出現後，股價肯定會在六到十二個月內下跌。即使在一段時間內會有興奮的氣氛阻跌，但它仍然會突然降臨，令人措手不及。由於有許多不同的因素在起作用，債券和股票市場崩跌會持續多長時間很難說，最重要

的因素自然還是市場的技術狀況，要知其究竟，且等我以後再談。（參見一五六頁）

19 決定股票市場長期趨勢的因素是什麼？

從長遠來看，投資大眾的心理並不是決定性的。誰可以預見幾年後才發生的國內外政治事件會有的恐懼、希望、偏見或者其他的什麼反應呢？不過，投資者對某些東西的喜好或青睞等心理因素會長期影響市場，比如說，持續了好多年的黃金崇拜。

從長遠觀點來看，利率的發展也是不可預測的。人們相信，甚至有時候就公然斷言，聯準會主席就是美國利率的獨裁者。在某些方面確實如此，但即使是他，也不知道三個月後該如何決定利率，因為，就連他自己也不知道三個月後的社會發展趨向，有哪些事件會發生，從而會導致他的升息或降息措施。他不可能幾個月前就預料投資者、企業家和消費者的行為，還有可能的緊張局勢或國內外的突發意外事件。他能做的是，當出現通貨膨脹的苗頭時，他會升息，使企業家攥緊錢袋，克制投資；當經濟低迷時，他就會降息，以刺激經濟。

利率的走勢還是影響股市的最重要因素。勞動市場、新的國際貿易協定、他國經貿大事，所有的一切都將影響聯準會的行動。僅僅在一段時間內觀察大眾投資者是不夠的，還應該估計眼前事件過後的發展趨勢。簡而言之，預測是預期的平方（即預期的預期）。但就連聯準會也不可能在所有的問題面前做出精確的預測。相較於獨裁者，他更像是一個舵手，駕駛著整個社會的金融之艦，在莫測的汪洋大海裡，在通貨膨脹、通貨緊縮、金融危機、繁榮昌盛、蕭條衰敗、樂觀主義者和悲觀主義者之間躲避暗礁，把握機遇。整個社會的經濟發展，某個產業的發展，甚至某個企業的機遇，未來利潤和成長對長期趨勢都有著決定性的作用。

買股策略

20 對於剛剛進入股市的股民來說，是否應該遵循這樣一條座右銘：自己操作？

對於一個完全的新手來說，自己操作自然是很難的。他最好是好好研習一下這本書，讀完後，他至少會了解一點點。

21 您認為投資股票最重要的是戰術，還是戰略？

當一個人想長期投資的話，戰術方面的因素是無關緊要的。不管他是想今天、還是想一週以後再買。因為，股市在這麼短的時間段內的小幅變化怎麼說也是無足輕重。重要的是戰略：選股票，以及做中長期的考慮。

22 我們想買股票，還有做決定的時候，應該遵循哪些標準？

我們必須決定的第一個問題，就是自己是真的想買股票還是想長期存款。要是人們決定要買股票，接下來的問題是：去哪個市場？再考慮買什麼產業的證券？最後再選中一家公司，至於買入的時間，應該今天買、明天買、還是一個星期後買，那是不可預測，而且這對投資人來說也無關緊要。因為這個決定純粹是戰術性，對於投資人來說，只有長期的戰略才重要。

23 如果打算買股票，「股利」有什麼意義？

股利對於許多機構投資者，比如說：退休基金、基金會、保險公司等等，都有著一定作用，因為，他們必須擁有一筆永久性的進項。投機者則著眼於一個長遠的打算，按照公司獲利的進展，分析進一步的贏錢機會：是能漲、會跌還是停滯不前。我們可以把股利同資本市場的利率做個比較：長期投資的報酬率是高於或低於現行利率。其實這是一個懸而未決的問題。有時候，股民聲稱股市的投資報酬率（資本利得加上股利）比資本市場的利率高一些。和債券利率相比，未來的股利並沒有任何保障，特別是在經濟危機時期。然而，股民滿足於低於資本市場利率的報酬，因為他們想參與經濟成長，對企業的發展持樂觀態度。他們認為股利不會變少，還會持續增加。這種期待更高獲利、更高股利的投資行為被我們稱之為投機。當股民和投機者預期某個公司獲利增加，即使股利並未增加，他們也會大量購買這支股票。相反的，如果他們預測這個公司營收減低，甚至股利會減少，他們會集體拋售。

在公司獲利和資本市場的現行利率之間，沒有固定、永久的關係。在公司獲利、股利和股價之間也沒有固定的關係。股利的變化幅度比投資報酬率的變化幅度要小，但是比股價的變化幅度要大。在熊市的最低點，股票的投資報酬率相對來說要高些；在牛市的最高點，投資報酬率是最少的。所以，即使股利和公司獲利保持不變，但是隨著資本市場的利率下降或上升，股價會隨之上升或者下降。

所以當資本市場的利率下降，而同時企業獲利又在上升，且其他所有影響因素不再成為發展的阻力時，上升趨勢就出現了。當情況相反，資本市場利率上升，企業獲利下滑，就會出現熊市。所以，利率、心理素質和企業獲利這三大要素對於股價的發展趨勢很重要。

24 股利高是否表示股價表現好?

不一定,特別是短期或中期。投機者常在盼望股利增加,他們投入資金就是為了把這檔股票行情推向高點,並預期股利增加。因此,當最終宣布發放更高的股利之後,價格也就下滑了,這就是典型的「既成事實」現象。

25 「公平」這個概念很難定義,但是,某個股票總是有一個「公平價格」吧?

錯。沒有哪一台電腦、沒有哪一位數學天才可以算計得清股票的公平價格是多少。人們能夠計算像西門子這樣的大公司值多少錢嗎?如果理論上能的話,那麼股票價格就永遠不會上下波動了,價格其實就是供給或者需求的結果,受到多種因素或條件的影響。就同一個價格而言,此時此刻可能是高的;但另一個時刻可能又算是太低了。這就是引起股票市場行情上下波動的原因。說價格高或者低都是相對的。

我有一個朋友,他是個投機者,他有兩件襯衫,他天天穿某一件,直到比另一件沒穿的更髒就不再穿了。某一檔股票可能比另一檔股票高一些或者低一些,都是相對來說的。這本質上是對價格進行哲學思考，或者更確切的說就是投機的作用。王爾德曾經說過：「憤世嫉俗的人（亦即股票經紀人）最了解價格，但不知道其中的價值。」

26 設定買進或賣出某檔股票的價格，總是可取的吧？

如果是股票投機，我要把回答給您說上三次：不、不、不。如果是做固定利率的投資的話，可以在一定程度上計算出來，但是評估利率的長期發展也很難，因為其中的決定因素太多。如果是不良債券的投資那自然就另當別論；其決定因素不再單單是利率，也就是報酬的問題，而且還有許多動機——利率再升的機會能有多大？債務人的品質、信用程度等等。總的來說，我們根本不可能在行事曆中設定一定要賺多少錢，或者輸多少錢。我曾經舉一個德國青年債券（Young-Anleihe）的例子，算是所謂的經驗吧。（參見八五頁）

27 一個企業增資，是否就意味著其股票上漲？

不是的。還要看這家企業的發展機會，另外要看資本市場的整體趨勢。如果是在下跌趨勢中，增資往往會受到負面影響；如果趨勢向上，那它也會得到積極的推動作用。

28 是不是該投資那些剛剛成立的公司？或者新上市的公司？

這要看自己的目的，沒有什麼規則可言。要看自己的資金實力、承擔風險的意願以及耐心。當然，這也要看新上市公司的管理水準、資金來源等等。

29 您重視本益比嗎？

本益比是您至少可以大致了解股票價值的唯一衡量標準。人們利用這個數值至少可以比較來自同一產業、同一國家的兩支股票。例如，在美國鋼鐵業，如果兩家經濟上具有可比性的公司之間的本益比，一家為十倍、另一家是二十倍，則可以得出結論：第一家公司的股價比第二家便宜。但這些公司必須是真正具有可比性的公司，否則也沒有任何意義；因為各種技術原因，這種差異可能會持續多年。每支股票都有許多不同的影響因素、動機和細微差別，這些都不是自動發生的，說來說去，股市上沒有可以自動化的東西。

本益比的評估是過高或過低，主要取決於兩個因素：資本市場的整體報酬率，當然還有大眾的心理態度。可能會發生這樣的情況：同一位分析師估計一支股票的本益比過高，但幾年後又認為本益比過低。

一個有趣的例子是IBM的股票。在一九七〇年代華爾街欣欣向榮的階段，本益比為四十倍。本益比如此之高，是因為人們對IBM品質普遍評價非常正向。利潤預計每年持續成長一〇％。基本預測是正確的：獲利發展符合預期。然而幾年後，本益比卻降到了七倍。之所以會出現這樣的情況，一是資本市場的報酬率極高，達到一七％到一八％，甚至二〇％，二是股民心理變得極度悲觀。本益比在四十倍時可能被高估，在七倍時則肯定被低估。

一個好的投機者的工作就是不相信誇張的說法，也不盲從於共識。在股票市場上，只有少數人幾乎總是正確的，而大多數人都是錯的。

30 人們應該如何安排妥當的時間來醞釀一個新的計畫？

應該是傍晚做計畫，夜裡思考一下——無論有意識或無意識。第二天一早做出決定，然後採取行動。

31 人們賠掉的錢還能再掙回來嗎？

賠了就是賠了，新的交易會帶來新的利潤，跟過去的事毫不相干。所以，我的信條是：你可以賺到錢，可以輸掉錢，卻永遠不能賺回來。

32 一個投機者應該在大賺或小賺、大賠或小賠時賣股票？

一個人是否應該賣股票的決定，完全與買進這檔股票的價格無關，而取決於他對這檔股票未來發展的評判。投機者必須有個絕對客觀的評判；而且如果客觀評判是正確的，即使是賠錢也該賣。眾所周知，許多股民不願意賠錢賣，因為他們想，只要不賣，就沒賠。這種心理完全錯誤，因為他們忽視了客觀的判斷。賺的時候，同樣也必須做出絕對客觀的決定。

33 原來較低價位賣掉的股票現在價格又上漲了許多，這時候應該再買回來嗎？

這也需要客觀判斷，和過去的交易情況沒有連帶的因果關係。

34 股市裡樂觀主義者多還是悲觀主義者多？

在每一筆交易、每一個價位都有買入者，也有賣出者，就是說，有樂觀主義者，哪怕是只有十分鐘那麼短，也有悲觀主義者，他們有時會在一個交易日內交易證券無數次。這種趨勢源自於這樣一個問題：對誰來說，什麼更重要、更迫切：樂觀主義者獲得股票還是悲觀主義者賣出股票。

一切取決於是哪一方以最佳價格或有限制的價格下單。如果交易日賣得非常慢，而且買家價格有限制，那麼證券可能會跌至買家願意買股票的非常低價。如果根本沒有買家出面，價格就會在沒有一筆交易發生的情況下暴跌。情況反過來，仍是同樣的結論。如果在一個交易日只有下最高價位訂單的買家而沒有任何人要賣，理論上價格會在沒有任何交易的情況下迅速上漲。我在西方或東方的主要證券交易所都沒有經歷過這兩種情況。但在過去的十到二十年，這種情況在較小的市場上已經發生過好幾次了。葡萄牙在史賓諾拉（Spinola）將軍掌權後，里斯本證券交易所不得不關門大吉，因為根本就沒有能賣出哪怕是最小量的股票的可能性了。

在布宜諾斯艾利斯的情況正好與之相反，當阿根廷獨裁者、美麗的裴隆夫人（Isabel M. de Perón）被軍政府逮捕時，股市出現了動盪的局勢，證券交易所關閉三十天，因為人們手頭沒有可買的了。當股市最終又重新開放時，人們手中的證券價格是之前的一百倍。

35 什麼時候去做交易委託最好？

週末的休息可以讓人們身心放鬆、頭腦冷靜，慢慢地想想自己的股票，經過仔細考慮，可以制定自己下一步的炒股策略和計畫。

36 您如何理解股市的科學系統？

我想用一個名人軼事來闡述這個問題：在巴黎的時候，我每天都要經過一間有名的福克咖啡館（Café Fouque），這是當時商人、電影圈、投機者和藝術家聚會的地方。引起我注意的是，每個週日的時候，一位老者和其他十到十二位熟人圍坐一桌雅席。大家都在異常專心的聆聽老者講話。後來我才知道這些人在做什麼。這個圈子裡的人都是原來俄羅斯、波蘭的富商，個個腰纏萬貫。那位中心人物在六個月內連續兩次中了頭獎。現在他是在講買樂透的「系統」。聽者認真專注，甚至有人在做筆記。要是我也能有機會提出我的問題，知道了所說的「科學」的投機系統是什麼，我豈能忘記了這一幕？不過，我對葛蘭維爾（Joe Granville）或考夫曼（Henry Kaufman）等自稱為大師的人的預測也同樣持懷疑態度。

曾經有一次，葛蘭維爾預測（或是說猜）到道瓊指數會回落三〇點。他便吹噓自己是無懈可擊的股市大師，甚至聲稱自己的成就值得一座諾貝爾經濟學獎。事實上，是他自己一個人製造了那次股市回落。他向股票持有者發送了兩萬到五萬封電報，積極推薦該賣哪些股票。成千上萬天真的股民真的全部同時拋掉了手中的股票，一下子造成了三〇點的下跌。於是，葛蘭維爾成了股市上人人敬仰的風雲人物。我認為後來那些葛蘭維爾的追隨者應該清醒冷靜些了，因為，隨後又發生了這樣一件事：當時的道瓊指數是七五〇點，這位股市神人又預言，說過不了多久，股市將狂跌到四五〇點。「我命令老祖母們去投機，這次崩盤肯定不可避免。」接下來發生的事情已經成為華爾街的歷史：道瓊指數不是跌到四五〇點，而是漲到了一八五〇點，這是金融史上從未有過的驚人上漲。這件事最難得的是，葛蘭維爾先生並沒有為自己的錯誤感到羞愧，反而是大吹大擂繼續預言。過幾年，他就又在德國公眾面前亮相了，說起來真是令人難堪。

我和他當著媒體的面公開辯論時，他曾說過這樣的話：「科斯托蘭尼先生聲稱，在一百個案例中，他有五十一次是正確的，這對他來說就足夠了。這是個笑話。我一百次裡有一百次是對的。我不說『我相信』或『我認為』——我說：我知道！」但最有趣的是他私下裡對我說的話：「你知道嗎，科斯托蘭尼先生，我是個狡猾的騙子！」全世界成千上萬的儲戶都在關注他的一言一行。

跟他一樣，前幾年，考夫曼也在銀行利率方面預測對了利率趨勢。近年來，他也是不斷出錯，而且總是預測一些早已發生的事，也就是說，他總想跟著潮流說話，給我的印象是，他想用自己的預言影響債券市場。一些集團斥資百萬美元做廣告宣傳，建立他「利率預言家」的名聲，這樣就可以用他的言論影響債券市場的價格走勢，至少在短期內是這樣。

在更多自我吹捧的股市神人裡面，還有歐利格謬勒（Kurt Oligmüller），我甚至與他打過交道。我曾經在專欄嘲笑過占星學家、股市鍊金術士和類似的學者，他認為這是對他個人的侮辱，儘管我從未提過他的名字。他為他新發現的關於如何精準預測股票表現的理論做了大量宣傳。一些知名記者甚至為他的發明大加讚賞。他把自己的理論稱為「黃金分割」。他寫了一封措辭不雅的信辱罵我，聲稱葛蘭維爾小手指上的證券交易知識都比我的腦袋多。他讓我不要在專欄中講述股市的陳年趣事，而是準確預測任何股票在三十天後的表現。他寫道，股市畢竟是一門嚴謹的科學，你必須悉心了解並潛心研究。

不幸的是，他的理論最終以悲劇收場，幾個月後，他槍殺自己的妻子後自殺。在遺書中，這個可憐的人寫道，他仍然相信自己的理論無懈可擊，但不幸的是，他再也沒有毅力或健康來堅持自己的理論了。他將客戶託付給他的錢輸得精光，這個悲劇證明了有些玩家是多麼的狂熱。我真的認為，他是葛蘭維爾預言的受害者，因為據我所知，他曾在芝加哥的指數市場上投機，把所有資金投入葛蘭維爾預言的紐約股市下跌。

這些癡迷者的名單很長，足以寫一本新書。他們都不可避免地讓我想起福克咖啡館的預言家。

結論是：必須時刻警惕，對所有預言家的預言都持謹慎審視的態度。遺憾的是，人們總是很快就會上當，騙局愈大，就愈容易上當，大多數人都認為，既然那麼多人都在做，肯定就是對的。

37 您如何看待股票技術線圖呢？能從過去的線圖看出未來的走勢嗎？

我會考慮線圖反映出來的一些資訊，但不會太多。我不會按照技術線圖來操作。我願意看一個相對來說是比較長的時間段的線圖（至少是六至十二個月），但僅限於看個股，而不是看大盤指數。

醫院裡的醫生在給發燒的病人看病的時候，只是看這個病人的體溫是什麼度數就給病人開藥，而不是把所有發燒的病人體溫累積起來算出一個平均發燒度數曲線。

這裡所說的技術線圖也就是股票的發燒曲線，它只能給我一個總體的印象，是過去幾週、幾個月的運行情況，是評估的基礎，也是判斷其未來運行態勢的依據。技術線圖或許還可以給我一些關於公司內部人士的訊息，這些訊息並不為人所知。一條曲折攀升的鋸齒線表明內部人士（經理人、大股東等）想要增持股票，他們這樣做可能有如下幾個原因：他們已經知道利潤上去了，他們正要把有前途的新產品上市，他們想要阻止別的團體接管公司或只是想加強對公司的掌握。

另一方面，走勢下跌的鋸齒線表明，公司內部人士想要減持自己在公司的股份，甚至要徹底賣掉。

一條上升但是曲曲折折的線，即第二箱體，上升兩級，又下來一級；上升兩級，又下來一級——根據這樣的曲線，人們可以猜測操作這檔股票的團體十分小心謹慎，買入一點就住手；再買點，再住手；邊操作，邊觀望，不想扔太多的錢進去以免被套牢。行情開始上揚了，他們就住手，甚至抛售出去一點，為的是迷惑他人，然後等曲線下跌時又開始買。

另一種正相反的情況是，第二箱體下去了，下降兩級，又上升一級；下降兩級，又上升一級——說明操作這檔股票的團體更加小心謹慎，他們出售時，一看見曲線下去立刻就停止，甚至是買進一點，使曲線平緩下來。

像剛才已經說過的，這常常意味著某個團體想要買入某個公司的控制權。遲早有那麼一天，這些人會明白多數人無法買到五一％的股份。由於這些人對少數股權不感興趣，很快又拋出這些股份，把這檔股票推向低點。這種情況經常出現。那些單純的小股民搞不清楚為什麼這支陡升的股票突然又狂栽下去了。

還有很值得注意的一點是，當股市大盤走勢和某檔股票的走勢逆反的時候，要麼逆勢上漲、要麼逆勢下跌，那我們就可以猜測大概是因為內部人士的交易。當股市大盤總體上升時，我不會買支下跌的股票。相反的是，當大盤總體下跌時某檔股票卻攀升了，這倒是個好兆頭。但是我也不會只因為這支股上升就買進，因為那還不夠。

你可以從股票技術線圖中觀察到以下內容（我需要強調一下，是觀察而不是說就此得出什麼結論）：當一檔股票的曲線彎彎曲曲向上攀升到了某個制高點，並維持相當一段時間，無法再突破上限時，這可能意味著在某個價格下，大量股票從某個管道進入市場。經紀人手中握著委託訂單，要以某個價格出售某支股。然後就是價格突破上限並上漲的時刻，這可能就意味著可用數量已經賣完，並且沒有新股出現。

與此正相反，如果某檔股票曲折下跌，跌至某一低點，但仍沒有跌破底線，常常在底線上蹦跳，然後上竄，這可能說明，某個團體正在維持價格。確切的說是進場干預，讓它不至於跌到崩潰。當曲線在最底處徘徊良久並終於不幸跌破時，就說明這些人不想再買了，要麼他們不再有能力干預，要麼是不想再花錢。

還有一種現象可以觀察一下：當某檔股票在某段時間重挫之後，保持低位，不再繼續下跌，儘管所有的報導和事件都顯示它可能繼續下跌，但它就是穩穩地停在那兒了。這可能是說公司內部人士已經被告知，公司的未來又有了曙光，好機會在前面等著呢。當這檔股票再次慢慢回升，這個分析就被證實。因為有上千個技術線形分析家，他們自己有時就是引起價格變動的原因。根據他們的理論，如果有某些訊號吻合，可能就會買入或拋出，所以曲線也就會隨之波動。

然而，這只是短暫的狀況。我認為，從各種不同的曲線變化中找出重要的解讀辦法來沒什麼意義，像他們常說的的「碟型」、「頭肩」等，是做短線的股民的操作技巧。我認識上百個這樣的玩家，他們信守自己的圖表系統，可我從來不知道誰到最後沒有損失所有的錢。

結論是：人們應該注意觀察曲線，從中得出結論，但不要盲從，這些曲線一清二楚地反應了一檔股票的過去，因為有句中國話是怎麼說來著？鑑往知來。

金融機構的作用

38 金融機構是不是一直對股市有興趣，這種良好的狀態會不會改變？

不是的，不能一成不變。也的確有些時候，銀行對股市的走勢不是特別感興趣。在七〇年代，有段時間利率上升，銀行對於客戶的定存更感興趣，而不是眼看著手頭有儲蓄的人把錢拋到股市上去。定存利率和貸款利率的利差可是非常大的。

在儲蓄銀行的櫃台，行員會向顧客建議把錢存起來或放定存，而不是不知深淺地投到股市裡去，儘管當時的股價被低估得很厲害，行情處於特別低的水準。那個時候，銀行自己也有興趣買股票。

39 金融機構的態度何時會有變化？

在一九八四至一九八六這幾年中，隨著股市行情大幅上漲，情況又有了變化。當時金融機構對促進股市的樂觀情緒起了特別濃厚的興趣，為的是讓大眾都來買股票。他們打算幫其所管理的公司擴大資本，也想把許多私人企業轉變成股份公司。因此，他們打算以高價拋售這些新股或自己持有的大量股票。對於股民來說有一條顛撲不破的古老定律，上漲時，我就買，下跌時，我就賣（也就是業內人士常掛在口邊的「追高殺低」）。如果不是突然有那麼多的人急於闖入股市的話，是不可能有那麼多公司增資或是上市的。重要的是，你已經向人們展示股票已經漲到多高的價位，而且，接著又說服了人們，它還會再漲。在七〇年代和八〇年代初，對股票不感興趣的儲戶突然變了態度，開始聽著股市消息入市。上百萬的普通老百姓，在五年前對股票還一無所知，現在都成了股東，想在股市上一顯身手。

同樣的，整個西歐對股市發展也出現了前所未有的樂觀情緒。在米蘭、馬德里、維也納甚至在赫爾辛基都能看到這種現象。

情緒變化莫測，股民的行為就像酒鬼一樣，如果前一晚酗酒，一早起來宿醉，他會發誓要戒酒，從此滴酒不沾；可到了晚上七點，他要了一杯雞尾酒，八點他喝了一杯葡萄酒，十點又開始喝威士忌了，午夜十二點的時候，他就像前一晚，又成了一個醉鬼。就像一個輪迴，潮漲潮退，無休無止。

40 這種股市情緒變化的經濟基礎是什麼？

其實，根本就不是出於經濟原因或動機。對短期和中期價格發展影響最大的，反而是技術或心理因素，或兩者兼而有之；還有就是流動性，也起著很重要的作用。

41 這種股市情緒變化對經濟有益嗎？

是，也不是。本來，股票實際上是為了大眾股東的長期投資而存在，資金是被凍結在公司，而股市的作用在於，當股東需要錢的時候，隨時可以解凍這些資金。凱因斯（John Maynard Keynes）就提出一個理論，股東和股票是應該被綁在一起，就像不可解除的婚姻（他可能從未想過還有離婚）。但是，魔鬼的手不停地撥來點去，把人變成傻瓜，於是股市遊戲也就變得愈來愈發達，這也是因為愈來愈多人拿錢參與了這種遊戲。過去，人們說，一個商人傾家蕩產地輸掉了一萬荷蘭盾，現在，一個股民，可能一失手就損失了一萬。股票讓人變得歇斯底里。他該如何在打擊通貨膨脹之前、在金融部門的干涉出現之前，做出一手漂亮的交易呢？他四處奔波，探聽虛實，為的是得到一些建議、意見和推薦。這樣的股民輕而易舉就被操縱，拽向了深淵，有時恐慌、有時焦慮，或是唯利是圖，就這樣為投機潮推波助瀾。因此，當行情上漲的時候，成千上萬的人都躍躍欲試，以免錯過幸運之機。因為當股市暴漲，自己眼睜睜地看著卻不參與其中，沒有什麼比這更痛苦的：這甚至比股票賠錢更令人心碎。

42 這個階段過後，人們會認為銀行和金融機構的行為不誠實，情況是這樣的嗎？

不是的，絕對不是不誠實。但是他們經常不負責任，他們的職員和代理人無知又經驗不足。他們傾向按照自己的利益來做事。金融家和股票造市商終究不是孤兒，銀行和金融機構本身就是以其股東利益為第一的公司，求的是利潤極大化，能拿出最漂亮的資產負債表，支付最高的股利。這並不意味著他們想占大眾的便宜，把好處收進自己的腰包。餐廳老闆今天老推薦某一道菜，也不是不誠實，而是想在今天把它賣光。有一種情況是肯定的：隨著媒體宣傳攻勢的增加和股市行情的不斷上漲，股票愈來愈受歡迎，這種符合整體經濟的利益。

43 但是，大眾在這種股票震盪中受到損失，會不會對經濟造成負面影響？

只是在某種程度上會產生負面影響。在股市發展的歷史長河中，上漲的時候有，谷底的時候也有。股災到來的時候，成千上萬股民飽受其苦，但大量投資股票的資金都流進了公司。在經濟繁榮時期，大量新公司應運而生，有些經歷一次暴跌就消失了，但有更多公司會存活下來，成為經濟發展不可或缺的力量。這種現象特別是在現代技術革新的產業裡更是常見，透過創新和發展，新公司如雨後春筍湧現，這要歸功於股票投機注入了新的血液。不過，人們必須考慮到這種損失的風險。

資本主義與社會主義國家的股市

44 股票允許那些尋求資金的企業從更多的管道獲得資金；這會是一條通往經濟民主的路嗎？

是的。股票之於自由的市場經濟的作用我已經講過了，廣泛地擁有那些大企業的股票的做法會慢慢促成全民資本主義。因為有股市，那些普通百姓也可以依照自己的喜好成為每個產業裡龍頭企業的股東，也可以在這個公司的股份裡占上一股。在美國、英國和法國，這種做法已經實行了幾十年。在阿姆斯特丹，早在十七世紀就有了一個特別活躍的股票交易所。在德國是後來才慢慢開始。

45 在自由的市場經濟中，由供給與需求兩方調節市場，股票市場是唯一發揮滋生作用的市場嗎？

幾乎是。但是，在許多國家裡，原物料和房地產的價格以及外匯匯率（除了那些有外匯管制的國家）也可以自由發展。全世界的大趨勢是：一切都更自由。

46 在社會主義國家，股票市場是什麼樣的？

社會主義國家可以沒有股份公司，當然也可以沒有股票市場，因為國家是公司唯一的資金來源，是唯一的資本家，它把公司的管理委託給官員，即官僚。這就是我們所說的單一資本主義。人們應該欣賞、還是拒絕這個制度，純粹是品味問題。在自由市場經濟（姑且稱為制度資本主義）中，股份公司是制度的基礎，投機（股市）是制度的引擎。引擎的燃料就是儲蓄資本。只有對公司的成長抱有期望、對利潤（而不僅僅是領利息）抱有期望，儲戶才能從口袋裡掏出資金，那正是經濟成長所需要的。只有透過冒險追求利潤，加上企業願意以個人主動性和自由競爭的形式承擔風險，才是推動世界大步前進的動力。資本主義的信條就是渴望冒險、願意承擔風險、自由競爭和對利潤的期望。在社會主義國家，儲戶還是可以獲得儲蓄資本的固定利息。

47 您的股市理論有被證實嗎？

理論或科學層面都沒有依據，但過去六十年的經驗證明了這一點。為了證明股市和股市投機在一個國家的發展中所起的重要作用，我能舉出的最好例子莫過於一些曾經和現在採用社會主義，而且——駭人聽聞的是——今天仍然信奉社會主義的國家，包括：

一九八一年至一九八六年在（莫斯科共產黨部長參與下）社會主義政府統治下的法國、匈牙利（一個道地的東歐共產國家）和奧地利。

奧地利七〇%的經濟歸國家所有。在社會主義政府領導期間，法國的經濟有三〇%為國有。儘管如此，法國和奧地利政府還是絲毫不受干擾地支持了巴黎和維也納的證券交易所。股民買股票可以享受稅收減免；政府從來也沒有做出過反對股市的姿態；從未制定過任何意圖抑制投機的政策。相反的，眾所周知，這些國家的國有銀行顯然支持股票市場。經常發生這樣的事：由於突發的利空事件，或者令人震驚的消息，引起股市暴跌。在這種情況下，這些（本來就依賴於國家的）銀行就會接到指示，大量買進。這種突發事件爆發的時候，我常聽到這樣的問話：「今天情況怎麼樣？」很多股票專業人士就會說：「沒有危險，有憲兵保駕！」這就是說，銀行和他們的代理機構已經來救火了，為了支持股市，他們會大量購買。

48 您之前提到了匈牙利，為的是說明投機對社會主義國家也很重要，為什麼？

匈牙利政府和它的顧問在多年的失敗經驗中，得出了一個結論，私有經濟儘管還存在一些弊端，但比社會主義更有生命力、創造力。除此之外，政府還想吸收這筆掌握在民眾手中、數額相對而言較大的（大部分在儲蓄銀行的戶頭裡）資金，以免通貨膨脹發生。所以，一些國有企業向社會發放利息固定的債券，利率高於銀行存款利率。這是在向有價證券投資方向過渡的第一步。

第二步就是公司向大眾出售這樣的債券，除了支付利息外，還發放公司的利潤分紅。在西方國家，我們稱這種方式為「特別股」：這種股票有固定配息，可參與分紅。現在匈牙利的專家在考慮發行一種債券，根本就沒有利息，買的人只拿公司利潤分紅。在西方國家的語言中，這些債券就是有發股利的股票。政府想把儲戶的錢從儲蓄帳戶轉移到企業裡去，以支持企業的營運，簡單而明瞭地吸引儲戶的是，債券利率要比銀行儲蓄利率高，當公司業績不錯，還可得到利潤分紅。每個儲戶都絞盡腦汁，哪些公司的債券會給他增加股利的機會？哪些公司的債券會有不獲利、甚至虧損的風險？假如碰到這種情況，他可能最終仍會被困在對他而言沒有任何用處的債券，特別是這些債券的價格將會下跌。考慮該如何投資一筆錢的行為就叫作「投機」，在美國有，在德國也一樣。總之，投機的欲望被鼓動了。

49 在社會主義國家肯定就不存在股份公司了嗎？

是的，不過，已經出現了股份公司的雛形，因為可以有多個合夥人共同經營某些公司。法律允許一個商人最多雇用十位員工，按照當地的理解，雇用更多員工就會形成一種剝削（或者叫利用）。如果一個公司有五個合夥人，那就可以請五十位員工。這就是數字遊戲！再進一步，這五位合夥人就能在他們合組的公司創造股份，然後分配這些股份，再轉手出售，原則上跟股票一樣。這一切都出現在共產主義的東歐國家。當國家賦予私人更多自由時，股份公司在經濟發展中能起到更重要的作用，我們還有其他更有說服力的例子嗎？自由的市場經濟的典型不是長期貸款、儲蓄存摺（社會主義國家也有），而是股票。因為，當人們把手中的錢投資到公司裡，關心的不僅僅是利息，而是參與公司的利潤和成長，而公司的利潤和成長又反映在不斷上升的股價上。簡而言之，股市是以利潤為導向的投資資本的交易中心，因此，它將始終以某種形式存在，不管是在街道的角落裡、樹蔭下、咖啡館裡，還是在股票交易大廳；不管是與人共同決定要買，還是一個人自作主張；不管是私有的資本主義，還是半國有化的資本主義，只要是自由市場有哪怕一點點的立錐之地，它就會存在。沒有股票，就沒有自由市場經濟；沒有自由市場經濟，股份公司就沒有存在的理由；而，沒有股市，就沒有股份公司。

投機者語錄之一

- 人們因為巧合而做出最幸運的蠢事。
- 有次我坐在兩個經紀人之間，一個抱怨今天沒有做成生意，另一個為了一大筆佣金笑逐顏開。「那是幸運多於理智。」第一個說。另一個回答道：「上帝給我幸運多，理智少。」
- 再傻的傻瓜，人們也能從他身上學到一些可以運用到股票操作中的經驗。
- 有時我能從金融規則或法律條文的錯誤用詞或印刷錯誤中牟得大利。
- 一個錯誤的主意，有時候能將我們引入歧途，而且一葉障目，永遠不會認識到事情的真相。
- 許多人對股市的變化感到驚訝，那是因為他們還不認識股市。
- 股市上有用的詞是：也許、但願、可能、會、儘管、雖然、我想、我認為、但是、大概、這看起來……所有人想的和說的都是不確定的。
- 債務人找到好的債權人，比債權人找到好的債務人更重要。
- 當今金融市場的最大危險是，太多的錢掌握在不懂行情的人手裡。

• 一位銀行家必須像所羅門一樣有智慧，像亞里斯多德一樣聰明，像參孫（譯註：聖經中的大力士）一樣強壯，並像瑪士撒拉（譯註：聖經中以諾之子，據傳享年九百六十九歲）一樣長壽。

• 樂觀主義者就是口袋裡裝著兩個硬幣的君主，悲觀主義者就是擁有滿滿保險櫃財富的小人物。

• 人們有時可能想要做出法國財政部長奧里爾（Vincent Auriol）曾說過的話：「我關閉銀行，把銀行家關起來！」

• 經常有投資顧問說：「我擔保！」但誰為他們擔保呢？

• 舉世聞名但對股市一無所知的匈牙利作家默納（Franz Molnar）貼切地定義了放空投機者：「一個為自己挖墳墓，卻讓其他人掉進去的人。」（這句話的風趣只有絕對的專家才能懂。）

• 誰是最完美的投機分子？那些每到一個新地方先問「孩子們，這裡有什麼是禁止的？」的人。

• 在薩爾斯堡藝術節上我碰到一位證券交易所的同事，沒想到他也對音樂感興趣，問他在這裡做什麼，他回答：「我在等待結束！」當我的朋友詢問我對ＩＯＳ投機的看法時，我給了他同樣的回答。

- 誰都比不上法國財政部長德莫茲（Anatole de Monzie）那樣精準地描述國家的困境：「先生們，國庫空了。」
- 當銀行家對一項建議說「不」的時候，他是想說「也許」；當他說「也許」的時候，他是想說「是」；但如果他立刻回說「是」，他就不是好的銀行家。當投機者對一項建議說「是」的時候，他是想說「也許」；當他說「也許」的時候，他是想說「不」；而如果他馬上回說「不」，那麼他就不是一個真正的投機者。
- 當人們談論一個富有的傻瓜時，總是會談論他的富有；當人們談論一個貧窮的傻瓜時，總是會說他是如何愚笨。
- 富有就意味著這個人比他周圍的人擁有的錢多。
- 一個工程師在工作狀態下不能受酒精的影響，而酒精的刺激作用恰恰能讓投機者在某種程度上受益。
- 在股票市場上，在我的生活裡，以及在專欄文章中，我常常能給出正確的答案，只是我必須找出相應的正確的問題。
- 股票交易中一條真理是：當股票升到不能再高的時候，它就往下跌。

- 同事們得知我的各種活動酬勞後，常常笑著問我拿「那麼多」錢怎麼辦。奇怪的是，當我投機贏了（但沒有賺到）十倍的錢時，沒有人問我投機中幸運地賺到的錢都拿去做什麼了。透過工作賺來的錢對他們來說似乎特別陌生。
- 德國人不是金錢遊戲的能手，德國人中有的是小說家、哲學家和音樂家；他們在錢這方面並不浪漫，也失去了對哲學和想像力的愛好。
- 目前報價在一％至二％之間的所有證券——破產股、不良債券——都有一個主要優勢：它們是美麗的牆面裝飾品。
- 人們經常叫我股市專家，我接受這種讚美，並不是因為我知道明天的股市會怎樣，而是因為我知道今天的股市和昨天的股市。這已經很了不起了，因為大多數專業人士甚至連這一點都不知道。股價通常會成為新聞，然後新聞又開始炒作股市。於是人們就說，這是股市的行情，而不是新聞的行情。
- 投機者是聰明的，他們的聰明之處就在於他們也懂傻瓜的語言。

第2篇

股市進階的解答

國內外市場

50 在什麼樣的股市可以賺到最大的利潤？

這取決於很多因素。首先看這個最大利潤是絕對值還是相對值。絕對值的話，當然還是美國股市。因為，那裡的市場非常大，一檔股票可以成交上萬次，而不會影響價格。相對值的話，還要看成交的時機和其他因素。偶爾在倫敦、巴黎和東京也可以賺到最大的利潤，沒有定律可言。我知道，一些年輕的股票經紀人對雪梨、香港、新加坡等類似的國外市場也感興趣，但我不同意。當這些年輕的股票經紀人從這些市場取得訂單、委託和各種指令時，有一種「優越感」，他們甚至打國際長途電話給雪梨或香港，好營造出一種自己是交易遍及全球的國際金融家的氛圍來。

51 在所謂的國外市場上就掙不到利潤嗎？

也許可以嘗試嘗試。不過我認為，股市新手還是應該穩穩地待在西方的大股票市場上。這裡機會還不夠多嗎？為了達到能在一個大的市場裡藉由自己的思考而取得成功的目的，我們必須熟諳別的國家的情況。例如，那裡的人們心態、股民的心態、政治大環境、銀行的措施、央行的行為、市場的技術狀況等等。儘管早在五〇年代我就在東京市場有很好的經驗，但是今天，我還是不會參與這些股市。

第二次世界大戰後，我的態度是：世界和平了，日本，由於其自律、勤奮和堅韌，他們會再一次地崛起。這個全球性的先決條件很重要，但在那之後已是三十五年了，今天的東京市場已經變成一個名副其實的賭場，撲克牌玩家信奉的一句老話是這麼說的：不可跟不熟悉的夥伴玩牌。今天的日本對我來說已經陌生了，而且我有我的原則，不會在一個我不懂其語言、不認識其文字的國家的股市上做交易。

所以說，如果一個投資人或者說投機家，已經長時間看好日本的經濟，而且打算在日本股市上一試身手的話，那他們可以在紐約交易所買「日本基金」，那是一支全日本投資基金，由日裔美國經理人管理，他們比遠在歐洲的投機家更了解日本經濟及細節。

52 您認為德國的股票市場對那些全球投機家來說是不是有些太保守而且也太狹隘了呢？

這還是與時代有關，要看是哪個時期的情況，過去的確如此，自一九八四年以來，儲戶瘋狂買進股票。不管怎麼說，總的來看，德國人還是更傾向把錢存到銀行的戶頭上，從銀行拿取固定的利息。近年來，房地產比股市更受青睞，所以德國的商界領袖一直向大眾推廣存股，為的是能招來人們的資金。到了一九八三年，這一願望成功了，人們願意買股票了，甚至對股票上癮。這在全球股市出現好轉之後，便順理成章。所以德國人在這樣一個氛圍中受益。股民們日益高漲的熱情連同股市的升溫一起持續了很長時間，直到下一次股價下跌引來了大的損失才算暫時停歇。接下來的是一大段的休整空白期，直到下一次人們對股市的興致再被燃起。

53 您對巴黎股市的青睞源於何處？

我其實對巴黎股市並沒有特別的青睞，但我必須客觀地承認，在巴黎股市上的交易的確很有意思，全體居民都對它抱有極大的興趣，這種興趣比任何其他歐洲國家都要濃厚得多。

當我從法蘭克福來到巴黎時，我有一種從溫泉酒店的飲酒大廳來到賭場的感覺，因為即使實際上什麼也沒有，但在證券交易所大廳仍會有事情發生。這不僅是由於兩國人民的氣質不同，還在於巴黎股市裡與眾不同的固有結構。在巴黎，至少有三千人擠在報價板的欄杆前，有些人還在用粉筆和濕海綿盡職盡責地寫個不停。現在已經逐步引進電腦化交易系統。幾個星期以來，人們可以透過電腦全天交易四種股票。在繁忙的日子裡，可能會有多達六千名感興趣的人同時操作，直到幾個月前，他們都必須在兩小時內完成交易。

在法蘭克福，銀行可以整天議價。例如，在法蘭克福，有二十四家股票經紀人公司和二十七家獨立經紀人公司，大約八百人。在巴黎，客戶不僅包括投資公司，在很大程度上也包括私人投機者，他們的投資曝險部位經常一天就變來變去好幾次。

這是因為與其他交易所相比，這裡的手續費非常低，所以不想做生意的人在這裡轉轉也能找到樂趣。我很少聽到比這裡更多的流言蜚語，不僅來自證券交易所，還來自戲劇界、電影界等。人們討論政治，互相講故事，其中大部分都無關緊要，只有極少數是真的。所有的一切就這樣在嘈雜的世界裡運轉著。

在巴黎，證券交易所的業務並不掌握在訓練有素的銀行家手中，而是掌握在四十六家證券代理公司手中，每家公司平均有四十個左右激動的人，每個人都掌握著一套證券組合。他們不斷製造出來的噪音使整個交易大廳顯得異常混亂嘈雜。實際上，在這種嘈雜的背後有個嚴格的組織掌握著一切。

在巴黎交易所裡發生的情景在杜米埃（Honoré Daumier）的繪畫作品和左拉（Émile Zola）小說《金錢》（*Das Geld*）裡也有精確的描述。巴黎股市上的古今差異較小，要比現在巴黎股市和德國股市之間的差異小得多。這也與法國和德國儲戶的性格有關。

大量的職業投機商的炒作內容豐富多樣，有石油股，有百貨公司，從化妝品到飲料等等。南非的金礦也是多年來的寵兒。法國大眾總是對石油和採礦很感興趣。我剛來到巴黎股市的時候，有十支俄羅斯老牌工業股票仍在交易。

期貨市場裡存在選擇權、權利金、階段投資（選擇權交易的一種）等，這導致了最不計後果的投機行為，此外，在期貨市場上，三〇%的賭注就足夠了。某些交易讓人聯想到撲克牌局，多頭和空頭兩個對手互不相讓，都想掐死對方。在期貨和選擇權的交易方式下，所謂的壟斷集團（如幾年前的亨特兄弟白銀集團〔Hunt-Corners〕）成為當今的主流。

當然，其中還有成千上萬的散戶盲目追隨，數不清的人成了犧牲品。數十個壟斷集團操縱價格，他們把市場炒高，以便賣給大眾，有時甚至賣給天真的投資基金經理人。

除了這些誤導人的壟斷集團的操縱外，巴黎證券交易所的交易與德國一樣是絕對正確的，不同的是，由於有成千上萬的經紀人和職業投機者進行期貨交易，巴黎市場的流動性要大得多。

直到一九八四年才有人慢慢引導德國大眾走進股票市場。在那之前，儘管股票市場更富有浪漫色彩，但德國大眾寧可資產貶值，或在其他可疑交易中損失慘重。也許，德國的證券交易所缺乏猶太人的元素，而這正是金融投機背後的驅動力。

另一方面，在巴黎，就像在倫敦、華爾街和約翰尼斯堡一樣，仍然存在著許多賭徒和傻瓜，沒有這些，證券交易所就很難成為真正的證券交易所。

一言以蔽之：巴黎用股市來賭博，而優秀的德國人多年來只用股市來投資。這就是最大的區別。但正如法國人所說：差異萬歲！

54 到不同的股票交易所裡去操作，買入賣出，手續費那麼高，值得嗎？

這要看你做的是哪些證券，到哪一家證券交易所去做，許多美國股票可以在德國、阿姆斯特丹、瑞士或是巴黎交易，手續費的金額不等。但總的說來，在歐洲做比美國要相對低一些。

55 到底什麼是「避稅天堂」？

避稅天堂並不適合所有人，甚至有錢人。因為現在所有西方國家在稅收問題上都緊密聯繫。他們堅持兩個原則：

一、每個公民都必須納稅。

二、如果政府間有協議，則收入不會重複徵稅。

如果百萬富翁想向本國稅務局隱藏其流動資金，可以這樣做。找任何一個西方國家的大銀行，將自己的證券帳戶和現金存放在有稅務優惠的公司名下。這意味著他無需繳納任何財產稅或資本利得稅。但證券的票息和股息會在原購國被自動徵稅，這意味著要扣除「預扣稅」。

但商人或企業家哪怕在太平洋擁有一家空殼公司，都逃不掉納稅這一關。如果他根本不想納稅，他就必須真正成為避稅天堂國家的公民。但根據德國法律，德國公民在德國的十年內仍有繳稅義務，他的公司或房地產的利潤像以前一樣要在國內納稅。十年後，德國政府才會對他沒辦法。

儘管如此，還是有一些躲避德國稅務局盤查的辦法和手段。然而，這取決於納稅人的具體情況和收入的性質，然後才能相應的設計出合適的投資方案。

如今，世界上大約有三十五個地理位置可以稱為避稅天堂。數量持續增加，因為愈來愈多的小島發現，可以將逃稅變成一個具有非常合理利潤的真正產業。

大多數避稅天堂在地圖上很難找到，這些地方雖然是那麼的小，但可以註冊數千家公司，有時甚至比居民還多。畢竟，這種避稅天堂的公司是由什麼組成的呢？合法註冊的公司名稱和郵政信箱。一個郵政信箱甚至可以由數十家公司共用。

事實上，這個島上沒有機場，只能在週末乘船到達，電話或傳真根本不通，但這並不構成障礙。人們主要看重的是當地政府訂立的稅法，沒有或者說幾乎沒有所得、資本利得或遺產稅，而且財會狀況保證保密。

每個避稅天堂都有其特定的優點和缺點，但他們有一點是共同的，那就是——他們把非法貨幣變成合法貨幣，把黑錢洗成白錢，在自己的國家被認為是罪惡的東西在此被認為是美德。

56 您對瑞士的匿名帳戶有什麼看法？

我在這裡要揭穿一個古老的謊言；瑞士的編號帳戶其實是個廣告噱頭，當然我也承認，這個特別有吸引力，瑞士的秘密匿名銀行無論如何也做不到完全匿名，但是銀行還是有嚴格的保密制度。

這個編號帳戶總還是要有個戶名，持有者的戶名，就像每個實名帳戶也有編號一樣。編號帳戶的優點在於除了帳戶持有人外，只有少數的銀行員工知道其姓名。這意味著客戶可以得到更好的保護，不被輕易洩漏。如果是一封銀行的信或者是戶頭對帳單不慎落入他人之手，沒有名字，這些文件也不會起作用，顧客的利益也不會受損。

瑞士銀行在保守顧客秘密方面是很嚴格的，也是銀行對顧客的一個基本保障。任何違法行為都將受到刑法處罰，甚至可能被押去坐牢，即使違法者不是金融機構的成員。

儘管銀行保密適用於所有姓名或編號帳戶，但在某些方面也受到限制：有犯罪性質的金錢、繼承遺產、破產抵押、索回的債款等等，銀行保密就停止了。但即使在這些情況下，也需要瑞士法院做出裁決。但政府、金融機關、稅務局、外匯管理局官員等不會提供任何資訊。逃稅、外匯詐欺等在瑞士不屬於犯罪行為，在這種狀況下，銀行保密是「絕對必要的」。

瑞士的庇護法具有歷史意義。南特法令（一六八五年）被廢除後，法國新教徒在長達一百五十年的時間裡一直受庇護。逃離列寧統治的蘇聯難民也受庇護。對瑞士憲法來說，個人自由和私有財產是密不可分的，並受到同樣的保障。

瑞士人在研究稅務問題時特別嚴格。威廉・泰爾（Wilhelm Tell）成為瑞士傳奇英雄並不是因為蘋果和弓，而是因為他領導了對哈布斯堡暴君過度苛捐雜稅的反抗。

大約七百年後，瑞士駐華盛頓公使兼特使斯塔基（Walter Stucki）扮演了現代威廉‧泰爾的角色，儘管有來自瑞士出口商的壓力，他仍嚴厲回絕美國要求瑞士銀行提供美國及歐洲戶頭的資訊。瑞士人的堅持對美國而言是很難理解的，在美國，每個銀行員工都可以要求任何人提供任何銀行帳戶的資訊。我自己經常對經紀人和銀行家對其客戶交易的輕率行為感到憤怒。矛盾的是，在世界上最自由的國家，財政部人員卻對納稅人擁有近乎調查的權力。

只要瑞士還在，銀行保密制度（甚至可能沒有編號帳戶）就會存在。無論世界外匯情況和瑞士法郎的匯率如何發展，瑞士銀行都將繼續受到世界各地儲戶的歡迎，因為它們對待客戶就像對待豪華療養院的客人一樣。

匈牙利和捷克仍然存在絕對匿名的銀行帳戶，僅供居民使用，銀行在客戶存提款時嚴禁詢問客戶姓名或資金來源。奧地利也有編號帳戶，但這個國家仍然存在外匯管制。西歐只有一個小地區可以擁有匿名帳戶並且外匯兌換完全自由，就是Kleinwalsertal。這是奧地利領土，因此提供了擁有匿名帳戶的機會，在那裡使用德國貨幣，沒有外匯限制。

各種投資標的和交易方式：不動產、債券、原物料

57 您投資的話更喜歡股票或是不動產？

投資的世界就像是個實行兩黨制的民主國家。一黨的人支持不動產，另一黨的人是看中動產（股票或債券）的價值，這是由各自不同的信條決定的，原則根深柢固，各自都能為自己的觀點找到最有利的論據，又都很少能講出這兩種投資方式的缺點。

股票投資的一個缺點就是，炒股的人每天都能觀察到股票價格，這很可能為他帶來巨大的損失。即使有一天他什麼也不想看，電視裡、報紙上、廣播中連篇累牘、比比皆是的關於股票炒作的資訊也會讓他們耿耿於懷，更別提報紙頭條新聞炒作的股市消息了。

投資人每天都得把那點股票在手上掂來掂去，腦中盤算來盤算去，徒勞無功的是，他會說，這筆錢是為他以後退休，或者說是為了子孫才來投資的，換句話說，是為遙遠的未來打算；但是，即使他只有一檔股票，他都不會平心靜氣了，總會不由自主地去觀察股票價格。

投資不動產就不會存在這種緊張和焦慮，沒有明顯的價格波動，不會像豎琴琴弦一樣牽動你的神經。然而隨著時間推移，房屋、公寓或是土地的有效價值和可變現性也會

大幅波動，只是那個幸運的房產主還對此毫無察覺，躺在他的長期投資上高枕無憂。頭腦中盤算至少也是要以當初的買入價做底價，但他幾乎總是估算得過高，原因在於鄰居的傳言。一個人是否能在幾個月後將以十萬馬克購入的房產脫手而不蒙受損失，還很難講，更不用說忽視占很大比例的房貸和佣金了。再看，你也不是從房價行情表上發現投資的實際價值，而是從自己的口袋是鼓還是癟中學到。

股票投資的一個長處就是絕對的流動性。雖然股市跌倒了又爬起來，上上下下，但你每天都能從市場上把股票再兌成錢，有時賠點，有時賺點，反正都能變現。

大約三十年前，歐洲巨富之一M．R．男爵去世後留下了一筆巨額遺產，三億英鎊（按現今的購買力計算，是五十億德國馬克）。我覺得，他的錢大部分是有價證券。把這麼大額的證券變成現金可能也只是幾天內就能辦到的事。可是不動產投資就不會這麼快了，特別是投資森林和田地等必須有耐心。投資證券的話，我們可以用相對較小的金額在不同的國家、不同的股票市場和交易所買入不同的股票，好降低風險。投資不動產的話，也想這麼操作就不那麼容易了，除非資金實力雄厚。

政治因素相對來說對不動產的影響也大些，因為選民之間租房子的人比自己擁有房子的人要多，有些政府保護房客的利益而大大地激怒房東。多年來，全世界幾乎所有的國家都在實施房客保護措施，現在仍然如此，這種現象一直壓抑著房地產市場。大約二十年前，英國保守黨就在大選中失利，原因就是他們取消了租金管制。

另一個事實是，七〇年代，當房地產商隨著房市抬頭而大賺其錢的時候，證券商受到了重挫。然而，這並不能保證未來也會如此。但過去的六十年裡，在美國、法國、西班牙甚至是瑞士和德國，許多房地產投機商也賠得血本無歸。在德國，有好多年大興土木，房市興旺發達，部分原因在於德國的家園重建。但這種情況不可能一直持續下去。

儘管如此，我還是相信小儲戶的優先投資選擇是購買自住的房產。這樣他們就能以抵禦通貨膨脹的方式投資自己的第一桶金。這一點在社會主義國家尤為明顯，因為這些國家也曾遭受過通貨膨脹的影響，而且目前仍然存在嚴重的住房短缺問題。

跟投資證券相比，投資不動產的另一個長處就在於——如果是貸款投資，房屋貸款會是貸款期長、利率固定不變的；如果是貸款炒股票，情況就不同了，當日結帳，並受利率波動的影響。

至於數額較大的資金，爭議仍未結束。我是個喜愛股票的人，因此傾向於證券投資。我知道法國有句俗語，在形容一個人笨拙時，說他「像股東一樣愚蠢」。經過近幾年的經歷，我切身感受到這句話得改改，應該要用來形容一個人的聰明，得說：「像股東一樣聰明」。

58 可以購買不良債券嗎？

一般說來，不良債券投機商最好的賺錢機會，必備的前提條件是：債務人（無論是公司、州政府或是市政府）財務狀況會恢復，也就是說本金和利息會恢復償還。在一戰和二戰後有數十個類似案例，誰做了誰肯定就發大財。

二戰後，在德國、義大利和日本的舊債券這樣的機會很多。除了必須詢問這些國家是否會恢復在戰爭期間停止的利息支付之外，還有許多問題需要回答：是哪個國家（在德國還有這麼一個問題：是西德還是東德）、債券是用哪種貨幣、在哪個國家發行、債務是否有特別擔保。這些債券通常以黃金或其他擔保為後盾。

價格漲幅最大、最驚人的是德國債息五・五%的青年債券，它的價格在四年內從一九四六年的二百五十法郎（面值一千法郎）漲到了三萬五千法郎。西德政府在這個價位上將其贖回。

59 怎麼可能用三萬五千法郎贖回一千法郎的債券？

因為這種債券帶有黃金附加條款。法國法郎自一九三〇年發行以來，到一九四〇年代已經大幅貶值。艾德諾總理領導下的西德希望大幅提升德國的信用。他不想讓法國債券持有人蒙受損失，因此償還了債務，就算不是用黃金償還，至少是用美元還。一九三〇年的一千法郎加上拖欠的利息，戰後相當於三萬五千法郎。然而，像這樣的投機機會、這樣的投機方式，在股市歷史上並不常見。

60 您如何理解美元的「零息債券」（Zerobonds）？

這個問題對我來說有點太簡單直白了。如果這麼問我，肯定會顯得更合乎邏輯些：「如何看待美國和美國的未來？請從經濟和政治的角度來回答這個問題。」畢竟，幾十年來，零息債券投資的成敗最終取決於美國和美元的走向。

我對這個問題的答覆是：絕對樂觀。我毫不懷疑零息債券債務人在到期時的償付能力，當然，我們還必須適時地逐一評價每一支零息債券的品質，即每一支債券所涉及的公司的品質。按照我的理解，只要價格合理，零息債券對於那些希望投資未來的人來說，是一項非常值得推薦的投資。能解人們老後退休歲月的後顧之憂；或者是為女兒積攢嫁妝，總之，對於任何不需要動用多年投資資本的人來說都很有利。

對於押注利率下降的頑固投機者來說，零息債券也是非常合適的工具。因為利率下跌的幅度會直接影響到市場的漲幅，銀行利率跌得有多深，債券市場漲得就有多高。與金融期貨市場相比，零息債券投機的風險當然較小，而且不像選擇權那樣依賴於日期。

即使是在投機全額支付的零息債券時，投機者也必須清楚地知道，在較長一段時間內他能騰出多少資金。雖然他的投機不受時間限制，但他必須有能力等待，並有可能是在暴風雨中生存下來。

61 可以貸款買零息債券嗎？

按照我的想法，這種做法應該被禁止。我建議朋友不要這樣做，尤其禁止他們用瑞士法郎貸款來買。這絕對不是好的投機，而是一種有生命危險的投機，特別是你在拿全部積蓄冒險時，危險就更大了。我不知道還能用什麼話來警告大家，千萬別這樣做。

62 由於（廣告說）瑞士的銀行利息特別低，這樣的投機不就是值得推薦的？

當然，投機可以成功，但也有可能戲劇性的失敗。那些廣告詞其實都是假的，是錯誤性的誘導，只有那些對風險的方方面面都瞭若指掌的人才能嘗試。然而，這麼聰明的人不需要宣傳。這些廣告只針對新手，他們將被引誘進入這個危險的遊戲。

那會發生什麼事呢？世界上的任何一件事情都有可能影響到風險的變化。比如說出現一波拋售潮，零息債券市場特別緊張，在正常情況下，買入價和賣出價的價差已經很大，而當人們大量湧入股市，出現大量出價時，價差會變得更大。這是很有可能的，因為無數個大大小小的玩家都站在同一邊，如果匯率下跌或美元對瑞士法郎貶值，瑞士銀行就會要求增加保證金。如果在二十四小時內沒補繳保證金，債券就會被強制平倉，或者說是扔到市場上拋售，以致債券被迫低價出售，投資資本也隨之損失。一段時間後，客戶不得不眼睜睜地看著他們曾經擁有而現在已經不屬於他們的那些債券再次上漲。

我可以用整整一本書來給你描述我和朋友的投機經常遇到的情況。很多人就是想利用兩種貨幣之間的利率差來賺錢。

63 您如何看待新的風險投資（創投基金）？這些冒險性的投資可是做了大量宣傳啊！

這個現代化的世界有很多東西都是風險投資，比如說鐵路、汽車工業、電腦和電子產品甚至是美國的摩天大樓、蘇伊士運河等等。我們或許可以說整個現代化的美國就是風險企業，世界上的第一家股份公司叫作盎格魯—加拿大哈德遜灣公司，成立於一六七〇年。這家公司現在也還健在。在年度股東大會上，主席可能會以「親愛的冒險家」作為開場白。

在古羅馬，那些資本家聯合起來（也是一種股份有限公司），聚合力量，為的是進行航海冒險。

現在，也就是哈德遜灣公司成立三百年後的今天，「風險投資」（venture）這個詞在華爾街甚至在近幾年的德國流行了起來。

隨著經濟的發展和社會的進步，德國銀行，尤其是德意志銀行為促進風險投資所做的努力奏效了。不過，在德國，對風險投資的廣告，還是有那麼一點讓人擔憂：在近二十五年來，出現了太多鯊魚利用風險投資基金，掠奪了數百萬儲戶的儲蓄資本。我擔心，那些已經在ＩＯＳ、石油鑽探、虛假註銷和類似的「投資」中留下惡劣印象的經紀人，會再次在風險投資中作惡。然而，我們必須接受這種風險，因為沒有一個國家能夠不冒險就獲得進步。中國將永遠落後於美國和日本。然而，新聞界和嚴格評論家的職責必須是提供嚴肅公正、毫不含糊的分析和消息，分辨出良窳，就像我的朋友、卡托（Cato）公司的審查員格拉赫（Heinz Gerlach）多年來一直對貶值公司所做的那樣。

結論是：如果想做一場有冒險性的投資的話，就可以。如果成立一個公司為的是上市賣股票的話，就不可以。

64 您如何評價石油市場的態勢和以後的石油價格的走向？

十二年前，我就說了這樣一句話：石油輸出國組織（OPEC）歡呼，西方人痛哭。現在我看可以反過來說了，由卡特爾操縱的非法石油價格就意味著西方國家的貧困化，而石油生產國則受益。各國政府不得不透過徵稅、利率和各種限制措施來抵禦新一輪的通貨膨脹，使全球經濟陷入癱瘓。因為所有其他的能源價格，比如說天然氣等等都與石油的價格一致。西方和發展中國家的購買力大幅下降。證券交易所當然遭受了巨大損失。

我記得在一九七五年三月，曾計算出五年內石油產量抵得上西方所有工業帝國及基礎設施在內的所有生產成果，包括礦山、農業和房地產，這是數以百萬計技術人員、學者和科學家經過一百五十年心血完成的工作。這是一種錯誤的評價，幾乎就像季辛吉說的，「名副其實的絞刑」。

人們當然可以找出對策和制裁措施。在美國有些這方面的計畫，包括組成一個「買方卡特爾」。但是，日本和法國卻害怕全面石油禁運而破壞制裁計畫。很多政客和某些政府只是作壁上觀，權衡著得失。

事實上，有數十億美元的石油以高利率投資於西方，並用於購買巨額資產——工業、房產事業、酒店服務業等等，就像阿拉伯人說的「都差不多」，因為這樣能讓幾個石油大國和成百上千的酋長發大財，而這一切都是以犧牲西方一般消費者的利益為代價。

即使在情緒最低點的時候，根據我五十年來在原物料投機的經驗，我仍抱持樂觀態度（可能沒有什麼是我不曾投機過的）。卡特爾像股市上的壟斷集團一樣，如果在商品售價和卡特爾價格之間存在太大差距的話，那它肯定就會崩潰（亨特兄弟就是如此崩潰）。當時的情況是：每桶原油十美分對三十美元，這是非常不現實的差距。

我也了解到，原物料每一次價格走勢都會受邊際狀況的影響。如果產量增幅僅比消費增幅多了五%，商品價格就會一落千丈。如果消費增幅比產量增幅多了一%，價格就會陡然上升。儘管數量很小，都會引起價格的漲落，從而影響整個世界貿易。

迫於壓力，西方國家借助先進技術之所能，將全部精力集中在節約能源及開發新的能源上。這成功了。能源消費大量減少，由於在波羅的海、墨西哥灣和其他新的地方開採出了石油，從OPEC國家進口的石油占比愈來愈小，價格也正逐步下調。那些小石油國家不得不做出價格讓步，銷售愈來愈多石油。

這些就形成了一種連鎖反應，帶來價格重挫，因為成本和銷售價格之間的差異太大，所以OPEC國家面臨的困境對我來說就沒什麼好奇怪的了。現在，每當我想起一九八〇年阿拉伯聯合大公國的石油部長亞瑪尼（Sheikh Ahmed Zaki Yamani）說過的一些話，我就想笑。他回答關於石油價格走勢的問題時，是這樣說的：「我不能說現在的價格會升到多高；但我可以肯定地預測一件事：它只會繼續上漲！」他也反對美國的汽油稅，他說：「如果應該徵稅，那我們也必須再提高價格。」然後他露出了一臉燦爛的笑容和得意的神態，用優雅的哈佛口音補充道：「我們要給美國好好地上一課。」他的這番話後來又在電視裡重播了很多遍。

我不知道有多少人對這樣的警告做出了反應。我不敢相信我的耳朵，那位部長真敢給山姆大叔上一課？他真的是這個意思嗎？經濟學家紛紛傳言說OPEC希望以黃金來決定石油價格（按照三十桶等於一盎司）。

毫無疑問，經濟危機就是油價造成的。隨著石油卡特爾出現第一個裂縫，世界開始從危機中復甦。但隨後國際債務問題突然出現，人們認為油價下跌將危及生產國（首當其衝的就是墨西哥）的償付能力。但這也是石油暴利的後果，因為數十億石油美元被回流到西方銀行，由於經濟形勢不佳，錢躺在銀行帳戶上沒有用武之地，就拿去貸給有意願的債務人。

那位部長再次威脅人們，石油價格回落會導致世界性的金融和貨幣危機。這是多麼無恥的宣傳，意在煽動那些小儲戶的恐慌。這個聰明人深知，西方人希望得到的最大禮物莫過於油價暴跌。它可以抑制通貨膨脹，利率可能會下降，使儲戶手中有更多的錢購買其他產品，而隨著能源成本下降，這些產品反過來變得更便宜。對抗赤字的國家可以透過汽油稅的調整來迅速降低赤字。

那位石油部長不必替國際金融界擔心，墨西哥的債務暫時不用還，此外，石油收入的下降正在抵銷債務利率下降的影響。美國無條件地支持墨西哥，要從墨西哥購入愈來愈多的石油，這對ＯＰＥＣ不利。

同時，巴西、阿根廷以及其他許多不生產石油的國家也省下大筆開支。如果ＯＰＥＣ哭泣的話，這些國家也可以歡呼。

OPEC面臨極大的困境，依我的經驗來看，大多數的爭論都發生在有困境的地區，我甚至認為，雖然不符合傳統，但美國很可能也會在某種程度上干預，為的是穩住油價。油價過低的話會導致新的石油開發的投資無利可圖，從而減慢石油的開採。短期來看是好的，但美國奉行的是長期政策。從長遠來看，美國必須在能源問題上獨立。因為在美國，政府無法提供這種能源服務，私人部門必須進行必要的投資。但是，在一個以利潤為重的國家，這些投資只有在帶來足夠利潤的情況下才會進行。所以，原物料價格必須保持在某種能吸引人們前來投資的水準上。

各種投資標的和交易方式：期貨、選擇權

65 您如何看待期貨交易？

前幾年，在德國報紙上常能看到關於炒作期貨獲取暴利的大幅廣告。經紀人也承諾會賺得更多，但炒作期貨被吞了本錢的事則閉口不談。而這巨大的廣告強攻在英國和美國甚至是非法的。有些人甚至產生一種印象，認為期貨是一種新的投機方式。這種方式可以使人們只承擔很小的風險卻可以大獲其利，很快致富。誠然，七〇年代，原物料的

價格由於全世界的需求增加而上漲，更隨著過度的通貨膨脹投機而飆升，但這不是什麼新的投資方式。

即使沒有期貨交易，商品投機也一直存在。聖經記載，約瑟是埃及法老的財政顧問，他是世界頭一個、也是當時最大的商品投機者。他為法老解夢，在七個豐收年買下莊稼，然後在七個歉收年賣出，賺取巨額利潤（見《創世記》第四十一章第四十六節及其後）。自約瑟以後，農民、商人和實業家開始投機各種不同的商品，有價位上漲，有價位下跌。因為即使沒有統一組織管理的商品期貨交易所，人們仍可以先做買賣，後交貨。

這種交易在當今的經濟中仍有著某種意義，為的是向企業家和商人提供一種對沖價格波動的機會。比如說，銀匠購入了銀錠立即進行加工，就會面臨風險，怕的是在加工期間銀價會猛跌，價格下跌造成的損失可能會比他加工出來的產品所能帶來的利潤要高上好幾倍。那麼他同時可以出售相同數量的白銀遠期合約。萬一價格下跌，他還可以用遠期合約收益來彌補實際商品價格的損失。同樣的情況也發生在磨坊主的穀物、紡紗廠的棉花，以及其他需要由企業再加工的原物料上。

被稱為期貨交易的保險交易是進一步投機的開始，農夫每天去莊稼地裡觀察，由於天氣預報良好，莊稼茁壯成長，預期農產品價格會下跌。所以，他賣出更多小麥，甚至比未來的實際產量還要多，他實際上將不會真的擁有這些商品，但的確能在交貨期之前以更便宜的價格買到。如果他預見收成可能不好，就會立即產生購買更多小麥進行投機的想法。儘管小麥生產者實際上應該賣出，但他還是會買進。而磨坊主認為小麥價格會下跌。因此，他甚至會賣出小麥，而不是購買小麥。

一個普通的商人就這麼成了投機者。雖然許多商人、企業家在這樣的買賣投機中翻了船、破了產，但這種遊戲還是一直存在著、發展著。因為每個人都認為自己至少對本身產業的商品有所了解。

在舊德意志帝國有兩個商品期貨交易所，一個是漢堡的咖啡交易所，一個是馬德堡的糖交易所。但它們不利於經濟發展，「在期貨交易所，糧食交易變成了一種純粹的遊戲。」一八八九年慕尼黑商人協會主席這麼寫道，「我們看到的情況是，巴登巴登、威斯巴登等地的賭場情況與那些糧食市場相比，簡直可以說是小兒科。」為此，人們設立了代理人來喚起和刺激投機欲。這些代理人從所有可以想像得到的社交圈中挑選客戶，每天登門拜訪，以巧妙的建議誘使他們進行高風險的投資。相對較少的投入可以先欠著，只有在出現虧損時才需要補錢。透過這種方式，賭博的狂熱簡直是火上澆油。

商品期貨業務早在一百年前就已經變成了一種賭博遊戲。然而，在過去的二十年，這個圈子出現了問題。對經紀人來說，佣金特別誘人。他會透過來回交易商品期貨合約來賺錢，而客戶對這些合約的了解相對較少，他可以以小博大。佣金機制在這方面特別成功。如果效率高並能吸引客戶，年輕人有時練練手，作為這些交易的經紀人每月可以賺到四萬至五萬馬克。

目前，大眾由於通貨膨脹的心理壓力，極易加入此列，廣告非常誘人：錢也不值錢了，物價漲不停。隨後，黃金價格一路飛升，儲戶把視線轉向了原物料市場，對所有原物料價格都抱持更高的期望。還有類似廣告是炒作白銀的。代理商打電話給客戶，提到亨特兄弟壟斷集團，證明白銀價格正在以天文數字的速度上漲。白銀價格從五美元漲到五十美元的時候，他們的預測值已經竄到五百美元了。在這種氛圍之下，大眾的購買力很容易被調動起來，所以，毋庸置疑，八〇年代那麼多人包括普通大眾、投機者、賭徒還有不懂行情的門外漢因為原物料市場崩潰而損失數十億美元也就不足為奇。一九八二年期貨市場的交易額總共是三・五兆美元。

我並不會先懷疑任何期貨交易經紀人、交易商或廣告商是騙子。但我在充分了解事實的情況下堅持認為，經紀人在這些交易中的唯一利益，往往是把客戶的錢裝進自己的腰包。在德國的許多情況下，商品期貨交易若不是徹頭徹尾的騙子，就是半個騙子；若不是法律上的騙子，就是事實上的騙子。

徹頭徹尾的騙子是這樣的：例如，商品期貨公司出售自己不擁有的商品。如果客戶看到漲價，認為有利可圖，那麼公司就不按照他們自己的承諾履行義務，並宣布破產。這就像是吃角子老虎一樣，明明人家贏了錢，卻不往外吐幣了，是一種欺詐行為。

半個騙子：公司在倫敦買進，但以高出二〇〇%的價格賣給客戶。客戶被占了便宜。因為他不知道倫敦的實際價格。

揣著明白裝糊塗的騙子：這類公司提供集體帳戶或者是商品交易基金，例如，集體帳戶或者是商品交易基金的經理人可能在交易日開盤時買進十份大豆、十份黃金和十份白糖合約。到收盤時，這三項目中的任一項都可能帶來約三萬馬克的利潤或損失。如果是輸了錢，這份損失會在集體帳戶結算，如果賺了錢，經理人就將利潤保留在自己的帳戶上，任何交易所、任何法律（特別是當那個經理人毫無良知可言時）都不能阻止他這樣做。

用股市術語來說，這意味著「在天鵝絨上的遊戲」。利潤歸經理人，損失歸客戶。因此，商品期貨公司如雨後春筍般湧現也就不足為奇了。就像大仲馬曾充滿智慧地寫道：「最賺錢的生意，永遠都是用別人的錢。」

還有一種一百年前就有的騙局。假設經紀人向他的客戶遊說，說銅的市場如何樂觀，客戶絕對會買一些銅合約。市場上銅期貨交易有不同的交割日期，客戶從一月到十二月可以選擇任何月份。每個月的價格平行上揚，各個月份之間的差異是固定的，因為一月或二月交割之間的差異約為二%，會被倉儲、利息等費用抵銷。比如說那個經紀人以在一月一〇〇點的價格買進銅合約，在這個價格上經紀人已經獲得佣金，二月漲到了一〇二點，三月漲到了一〇四點等等。經紀人和顧客都挺高興，銅的價格從一〇〇點漲到了一〇四點。這個時候，經紀人向其客戶建議，賣掉一月合約，為的是以一一八點買入八月的合約。

現在人們仍很高興，運氣在身，銅價也一直在上揚，經紀人又掙到了新的佣金。他又向他的顧客提出建議，賣掉八月的合約，以與第一次同樣的條件買入三月的合同，然後再次交換在三月和九月之間……

結果呢？銅到八月漲到了五〇%，假若第一次買入時是一五〇點的話，那算下來，顧客只賺了一〇個點，而其餘的四〇個點就成了經紀人的佣金。這全是揣著明白裝糊塗的騙子的典型行徑，即使不是在法律上的詐欺。最後，顧客意識到，差不多所有的潛在利潤都成了他人的佣金，更不用說如果銅價跌了的話，就血本無歸了。

他們沒有做任何違禁或違法的事，客戶卻上當受騙了。這就是為什麼我建議每一位商品期貨交易者不要聽取經紀人或其同僚的建議，因為他們所知道的未必就比你自己知道得多，他怎麼可能是所有商品——從大豆到柳橙汁和白金——的專家呢？

這樣一來，我們就可以得出如下結論：大自然會帶來最大的驚喜，有一次，佛羅里達州的鮮橙全部凍死了；有一次，巴西的咖啡因為一場出人意料的熱浪而全部燒毀；還有一次，是冷藏雞蛋漲了一倍——因為冬天太漫長了，氣溫太低，母雞們不下蛋，雞蛋就漲價了（我自己當時就損失慘重）。

電腦系統、專家和「世界級大師」純屬傳說。然而，被不可抗拒的商品投機欲所俘虜的人，即使他能像約瑟一樣準確解夢，他也應該去找美國最偉大的期貨交易經紀人。但他只能基於自己的想法（或是夢）去投機。

像賭博一樣，賭徒本人得坐在賭桌邊，賭注也不能委託他人來下。儘管這麼說，我的建議還寧願是這樣的：別染指期貨！因為就我本人和周圍數百位同事的六十五年親身經歷，得出如下結論：期貨交易如同在賭場賭輪盤，有可能會贏，但一定會輸。

我承認，在股市的起伏跌宕中也能掙到錢，但在每次的股市繁榮後都會出現許多新的公司成立，或者有的公司增資，對經濟有好處。但是，期貨投機的繁榮或崩潰後剩下什麼？只有損失、毀滅和經紀人的佣金，尤其是那些自己破產的人。

66 為什麼在德國股市不再有期貨交易？或者說還是有，只是以別的叫法、別的形式存在？

我自己也不明白，為什麼在德國這麼大的一個資金市場上卻沒有在巴黎或者蘇黎世股市上都有的期貨交易。只有一個小例外，有一種交易方式叫買入和賣出選擇權，沒有其他名稱。

67 您如何理解選擇權？

回答這個問題不容易。因為這個選擇權市場裡有著兩方體系（就像整個股票市場一樣）。不僅包括牛市和熊市，因為這兩方又分為選擇權買方和賣方。每個牛市和熊市也都可以是選擇權的買方或賣方（在股市行話中稱為多或空）。

所以你必須確定你說的是哪一方。六十多年來，我兩方都做過，在二〇年代和三〇年代，我在巴黎、柏林、蘇黎世和其他地方交易了數百萬份選擇權合約，當時華爾街的人們甚至還不知道什麼是選擇權。只有少數證券交易所以外的經紀人熟悉選擇權，並在報刊上指出選擇權屬於哪種證券。他們想做選擇權交易。這些經紀人甚至都不是證券交易所的會員，有時財務基礎非常薄弱。因此，真正的股市專業人士是不可能做任何選擇權交易的。

相反的，在歐洲，選擇權業務則更為龐大。有時我會輸，有時我會贏；但無論如何，我都獲得了很多經驗。

選擇權市場是個巨大的賭場，但在金融市場上卻發揮著有益的作用。選擇權交易促進了投機，從而提高了股票市場的流動性。成千上萬的選擇權購買者讓成千上萬的現貨投資者可以又做股票、又做選擇權。

因此，我想為新手做一點哲學分析：

選擇權買方是玩家，賣方是資本家，是高利貸者，他全額支付選擇權買方所不能或不願支付的股票，讓玩家可以看準機會在較短的時間內大撈一筆。可以說，買方讓玩家在自己背上遊戲，而他們則獲得了一定的收益，即權利金。這曾被恰當地稱為「後悔金」，因為玩家經常是買入之後又後悔不迭。

任何有玩過賽馬或輪盤賭等經典遊戲經驗的人，都很熟悉「出局者」和「熱門者」。選擇權賣方就像賽馬中下注熱門選手的人，在賭輪盤中則是那些盡可能下注最多數字的人。原理是一樣的：獲勝的機會愈大，利潤就愈小；獲勝的機會愈小，利潤愈大。對於股票選擇權來說，風險和利潤之間的關係當然會有細微變化——這取決於股票的品質。但這些細微差別只有經過多年的經驗積累才能體認到。大多數被巨額廣告誘導參與這些交易的儲戶都沒有這樣的經驗。

我經常驚恐地發現，即使是提供建議的專家也毫無經驗可言。廣告幾乎都是騙人的；廣告詞承諾「優化投資」的利潤為一〇〇%甚至三〇〇%，甚至可以白紙黑字地證明。

但即使是「投資」這個詞也是騙人的，因為選擇權不是投資，而是賭資。把這筆錢放在輪盤賭桌上，能贏來雙倍甚至三十六倍的收益——或者一無所獲。因此，誇口百分之百的贏利是個糟糕的笑話，就像輪盤玩家在一個下午就把賭資翻了三倍並以此炫耀一樣。當邱吉爾或瑞典老國王古斯塔夫五世在蒙地卡羅的輪盤賭桌上大獲全勝時，我也在場。觀眾報以熱烈的掌聲，但這只是為了讓老人家高興。

當然，如果你能在正確的時間——就在股價上升週期開始之前——抓住趨勢，買入選擇權，你就能大獲全勝，甚至發家致富。

機率分布對於選擇權買方來說並不有利，而且依賴時間——這也是最大的風險。在五種情況下，他將輸掉四次或白費心機，只有在第五種情況下才能贏，因為股票在指定日期前可能保持不變，也可能小幅或大幅下跌，還可能小幅上漲或大幅上漲。

如果出現前四種情況，投機者就會知道為什麼股市參與者把損失的錢稱為「後悔金」。只有當股價在指定日期前大幅上漲時，投機才算成功。我不想阻止任何人積極購買選擇權，作為股市投機者，我也不適合這樣做。但根據美國證券交易委員會的統計，八〇%的選擇權買家都會損失投資的資金。如果預期的價格上漲晚一天到來，投機者就會血本無歸。在這種情況下，他的「投機」主要是正確的，但下注是錯誤的。戰略是對的，戰術是錯的。買方的損失就是賣方的收益，選擇權賣方通常都是大銀行和保險公司。這不是巧合。這些機構擁有龐大的股票投資組合，可以不斷地賣出選擇權。在華爾街，據說最大的選擇權賣方是梵蒂岡。有經驗表示，不斷地持有選擇權可以自動為選擇權賣方帶來每年二〇%至二五%的收益。我所說的自動是指以下情況：選擇權賣方在收取權利金但不必交割證券後，立即在下一個交易賣出選擇權。但是，如果他必須將證券交割給選擇權買方，他就小賺一筆，立即買回證券，並賣出另一份選擇權。他必須順利地、不間斷地重複這個過程。

據說，從前有一位猶太老股票經紀人曾問他的朋友：「基督徒付給我們的權利金都是從哪裡來的？」

那是很久以前的事了，從那時起，基督徒，甚至梵蒂岡，都學會了保持沉默。選擇權是否便宜總是取決於以下組成部分：選擇權日期（最重要）、選擇權價格、股票的市場價格、選擇權可贖回價格，尤其是股票的動態。投機性愈強愈好。但最重要的是，我必須強調這一點，選擇權不是證券，不是股票，不是投資，就是一種賭博，可以說是一張彩券。買家可能會在幾個月內把自己的所有財產輸得精光。如果他更頻繁地重複購買選擇權，可能會慢慢失血過多而死。任何每天光顧選擇權市場的人都必須比其他投機者更清楚知道自己在做什麼。

股票與選擇權的關係，可以粗略地描述為賽馬主與賭馬的人之間的關係。飼養一匹賽馬有時甚至可以被視為一項投資，因為如果馬的競技狀態好，獲勝了，就會產生收益。賭馬的人只是在賽馬的時候去碰運氣，看自己賭的馬是輸還是贏。馬跑贏了，得了獎，賽馬主就可以將馬出手，這樣既賺回了本錢又有了利潤，就像炒股分了股利一樣。

68 即使（德國）沒有真正的期貨市場，選擇權的交易還是有趣嗎？

沒有期貨市場的交易就沒那麼有趣了，因為你不能賣出買權，這會讓選擇權更具吸引力。相反的，你可以在美國和德國賣出買權。購買賣出買權的人有權在規定日期之前以規定價格交割證券。道理與買進買權完全相同，只是操作方式相反：在市場下跌時有機會贏錢。

69 一次股票市場崩盤之後，當所有的跡象都表明股市將會好轉，我們應該買入什麼樣的股票呢？是價格保持不動的股票，或多或少下跌的股票，還是那些已經徹底崩潰的股票呢？

還有某些價值或者是基本上價格維持住的那些股票，這樣的股票之中會有一些我們也許還不甚明瞭的機會。徹底垮掉的股票很可能已經接近破產了，儘管這些公司仍然處於危險之中，但如果它們不破產，就有可能實現最大幅度的價格上漲。如果是我的話，寧願兩者兼而有之。在崩盤之後，都會有一系列股票因高利率或暫時的經營困難而導致價格徹底崩潰。

購買這些股票可以被視為購買選擇權。有了它們，當重大轉折點到來時，資金可能會翻上兩、三倍，但好處是機會不受時間限制。這些股票的買家能夠堅持下去，直到市場再次出現轉折——即使需要數年時間，而選擇權買家早已因反覆購買選擇權而失血過多而死。

投機者語錄之二

- 我經常言詞尖刻、意志堅定地攻擊資本主義的鯊魚。
- 當人有了一些歲數以後，更難改掉缺點。
- 在政治和經濟裡有害的，往往不是獨裁體制而是獨裁者。
- 在制定經濟政策方面，最正確的導向就是適應現實。
- 股票漲了，股民來了；股票跌了，股民跑了。
- 有句老話說，股市就是沒有音樂的蒙地卡羅（摩納哥著名賭場區）。我認為，股票市場是充滿音樂的蒙地卡羅。人們必須要帶上天線，才能捕捉到音樂，然後分辨出它的旋律。
- 你未必要成為富有的人，但應該成為獨立的人。
- 如果強盜懶惰而笨蛋少說話，經濟生活將多麼美好啊。
- 跟儲戶們聊投資問題的時候，往往只能跟他們講他們想聽的建議。他們總是輕信不現實的掙大錢的承諾。他想在一次投資中賺上一大筆錢，你要是想去阻止他，根本就是不可能。

- 在股票市場上我們應該經常閉上眼睛，這樣才能看得更清楚。
- 對投機者來說，反覆思索而不採取行動，比不假思索而採取行動好。
- 任何投機者都至少有過一次「這是好時機」的想法，若不充分利用，便不會再有新的機會，所以我的建議是：進攻！
- 我們這些老投機者面臨的最大不幸就是：積累了經驗，卻失去勇氣。
- 我寧願贊同多數股市同行的意見，也不願意花時間與他們爭論。
- 那些金融機構的價值取決於創建它們的人。
- 那些純粹的投機者只買希望價格能翻三到四倍的股票。然而，它也可以是十倍（我以前有過這樣的經驗）。
- 如果一個商人銷售貨物以後獲得了一〇〇%的利潤，會被稱為欺詐；如果一個股市投機者以雙倍的價格賣股票，那就會被認為正常。
- 男人生來為掙錢，女人管帳；理想的狀態是男人大方，女人吝嗇。在我親友的家庭之中，這樣的事情不勝枚舉。我父親送給我母親一些漂亮的禮物，當我母親反問他為什麼要這樣浪費的時候，他回答說：「這總比把錢送給藥店老闆好。」
- 當我和同事聊天時，即便我不問他，也能很快就感覺到他是做多還是做空。

- 要是沒了傻瓜，股市會是什麼樣的情景？要是超級電腦無所不知，那股市又會是什麼樣子？我對這兩個問題的回答是：那就不是股市了。
- 過去人們常說，一個人失去了理智和他最後一萬荷蘭盾；我敢說，現在的德國儲戶在第一筆一萬馬克的交易上就失去了理智。
- 「我聽說你中大獎，贏了十萬馬克，現在你要做什麼呢？」——「我現在心中只有憂慮。」
- 「貧窮的猶太人是如何詛咒富人的？」「你應該是你們家唯一的百萬富翁。」
- 維也納著名詩人阿爾坦伯格（Peter Altenberg）曾經混跡咖啡館。有一天他寫信給哥哥：「親愛的哥哥，趕緊給我寄一千盾來吧，我一分錢也沒有。我的錢都在銀行裡存著呢。」
- 很多人辛辛苦苦，不是為了有錢，而是為了向別人炫耀有錢。
- 如果不是鐵石心腸，就不該和某些股市專業人士交談；因為他說的話，很可能帶來反作用。
- 對於一個投機者來說，最大的打擊就是，他仍然犯下他預料到的大錯誤。事情還往往就是這樣，因為他總是要受他人影響。

第3篇

投機的解答

投機、投資、賭博

70 賭博和投機的區別在哪裡？

賭徒沒有更深層次的動機，他就想，像之前提到的賺快錢，從今天到明天，頂多是幾天，或者幾個星期。他只是著眼於當前利益。他聽從小道消息殺進殺出，賺些蠅頭小利，錯過價格長期上漲的機會，就像輪盤賭的賭徒，為了賭紅或賭黑，從一張賭桌奔向另一張賭桌，為的是弄幾個銅板。他不是靠理智賺錢，完全就是感情用事。

這些賭徒在人群裡遊走。他們擺脫不了大眾情緒的影響，因為他們是人群裡的一分子。他買入了，因為他的鄰居買進了，而鄰居又是因為鄰居買而買；反之亦然，他賣掉了，因為他的鄰居拋出了。如此這般的股民占了股東的九〇%。他們組成了大眾，他們的心理反應和投機者的考慮是完全不同的兩碼事。

分析這群人與其說是經濟學家的任務，不如說是大眾心理學家的職責，他們的分析要比經濟學家更真實。如果把一百個特別聰明的人關在一間房間裡，這群人就會變得不那麼聰明了。如果在一個坐滿了人、黑壓壓的電影院裡大喊一聲：「失火了！」就會引發恐慌，有的人會受傷，有的人甚至會被踩死，儘管連一根火柴都沒點著。股票市場也一樣：如果有太多的人湧入股市，追漲買入，股市過於飽和，大眾心理效應就會反向發揮作用。著名的物理學家牛頓爵士也是一位狂熱的股市賭徒。他的所有家產都在倫敦的南海泡沫中化為烏有，他對大眾心理現象做了最好的描述：「天體的運行軌道，我可以精確計算到幾公分和幾秒的差距，但我卻無法估算出一群瘋狂的人會把指數帶向何方。」

71 投機與投資的區別在哪裡？

在投機和投資之間根本就沒有不可逾越的界限。一個好的投機就是一次成功的投資；一次失敗的投機就是一個壞的投資。不管它是投機，還是投資，其成功與否不在於買的證券的品質好壞，而在於相對數量。一個所謂的高度投機性證券，就像一個尚未開採、但很有前景的油井或者金礦，一個大投機家可以投入他一小部分資金，風險又已經計算在內，就是投資；與此相反，如果一個借很多錢的小儲戶購入大筆看似安全的債券，就是高風險的投機。

72 您說過真正的投機家是理智的，請解釋一下。

他的行為是理智的，意思是說，他憑藉思考的結果投資，而不是一時的感情用事。

我不是指他很「聰明」，因為思考有時也不夠聰明，甚至是錯的。但投機者有自己的觀點和想法，會去想事情的前因後果，想什麼是對的，什麼是錯的，而不是人云亦云地去做。很多時候，他的考慮是中期甚或是長期的，他不僅有自己的論點，而且還有理有據。當然，這些論點有可能也是錯的，但那是論點，而不是拾人牙慧，不是對某些小道消息的純粹心理反應。

73 這就是賭徒和投機者的區別嗎？

不是。像前面提到的，賭徒做的是短線，看的是眼前利益，賺的是小錢。與此相反，投機家都是些大手筆，考慮的是長期的大波動，有時候，手持一支股長達數年，直到他的假設得到證實。投機家會客觀、獨立地評估行情，不管他自己在這支股票裡賺沒賺到錢；因為股票行情與他的個人情況無關。當然，他也可能是錯的，他的假設並未成真。

74 傻瓜在哪裡呢？

我的天啊！傻瓜可太多了。要是沒有傻瓜，股市何以生存下去？不管走到哪一個國家，我都愛去交易所大廳轉一轉，因為，無論我走到世界的哪個角落，我都沒辦法在每一平方公尺裡遇到那麼多傻瓜，他們的生活超越了心智的承受能力。了解這些人，聽一聽他們是如何分析當今的世界局勢和經濟事件也很重要，就像是一個身經百戰的牌手，特別是撲克牌的行家，他也必須了解對手腦子裡想的東西。

75 那就是說，一個投機者可以利用其他人的愚蠢而賺錢嗎？

絕對可以，而且，常常是靠其他人的愚蠢獲利，而不是靠他自己的聰明獲利。人們也可以在他人的愚蠢中學到一些東西，特別是不該做什麼事。

76 照您這麼說，最聰明的電腦就是最好的股市投機者了？

不是，因為電腦的聰明才智取決於科學家是如何設計的。美國人說電腦：「垃圾進，垃圾出。」電腦只是投機家一個規規矩矩、必不可少的助手，擁有人們所需要的資料。與其在圖書館裡往上千冊的圖書和印刷品堆翻來倒去，還不如按一下鍵盤，所需資訊就信手拈來。三十年前，美國最大的股票經紀公司的大圖書館裡藏書無數，聘請了三百個員工。今天，圖書館裡只有二十個員工和一台儲存了大量圖書資訊的電腦。電腦不具備投機者必不可少的特徵——想像力。而且，一些無法預料的事情，比如說，國內外的政治局勢變化或者科學技術發展，電腦裡都沒有，在三十年前，電腦自己能預想到當今它在社會中所起的作用嗎？

77 在過去的日子裡，賭徒和投機者比起來，哪一個更成功呢？

我敢斷言，還是投機者更成功。雖然賭徒占股民的九〇％，但他們的成功畢竟是有限的。因為他們從來不能違背普遍的看法。過去維也納的人說：「新手交易員是個不停的伸手派，他得不斷地向周圍的人討教。」一個稱職的投機者是不依照眾人的共識去做的，他更有自己的論點和內在傾向。我不是說，每個投機者都會反對眾人同意的觀點，因為，即使是在投機者中，有能力這樣做的人也很少，我估計也就只有一〇％的投機者能做到吧，因為擺脫普遍的情緒的確很難。

78 您能做到嗎？

能，但要走到那一步並不容易。經過多年的經驗，我才建立了自己的理論和原則。但要將它們付諸實踐非常困難。

投機者應具備哪些特質

79 那您怎麼就那麼相信自己的觀點呢？

那很簡單。每一次，我都在別人叫我賣出的時候買進。我認為我的理論是正確的，所以必須反其道而行。但有一次，我對自己說，情況可能會與往日不同。不久，我就發現，這一次和往常根本就沒有什麼不同，一切都和我的預測一模一樣。經過大量的訓練和學習，同時也為此交了很多學費之後，今天，我可以有把握地不隨波逐流。對此，我已有詳細的文章加以闡述。我舉個最好的例子來證明這一點：大畫家畢卡索很成功，儘管他畫的人臉是眼睛在下，鼻子在上。從而我就想到，在股票市場上，人們也必須有持不同意見的勇氣，甚至是持相反意見，因為，在股票交易的時候，普遍共識的價值不值十分錢。

80 要做到堅持己見，需要哪些素質？

你必須敢於懷疑，憤世嫉俗，還得有那麼一點點自負，才可以對自己說：「你們所有的人都是傻瓜，只有我最明白，或者說，至少我知道得更多！」一個堅定的投機者連他父親的話也不能輕信，更不用說銀行家、報紙、大眾媒體、交易員和所有其他人的七嘴八舌。尤其要警惕那些把整個股票市場看作自己的佣金機器的經紀人。他們知道的不比任何一個其他有思想的人更多，也不比報紙上寫的東西更多，因為他們根本無暇思考。他受一種畸形的理念驅使——做更大的營業額，賺更多的佣金回扣。

儘管有那麼多的建議，有白紙黑字寫出來的，也有口耳相傳的，但他們知道的肯定不比任何一個跑腿的服務生更多。這讓我想到威爾第（G. F. F. Verdi）的《化妝舞會》（*Maskenball*）裡著名的詠歎調，是那位穿制服的年輕服務生唱給奧斯卡聽的，他唱道：「奧斯卡知道，但他不說。」我把這句話換過來，就是：「經紀人說，但他不知道。」

我早就這麼認定：「每個股票交易所的經紀人都是他的客戶的敵人，只是他們不自知。」一個經紀人主要的事就是去交易，是買進還是拋出，對他來說無所謂。他夢寐以求的顧客不是投資者，而是股市玩家。我常常說，經紀人喜歡這個遊戲，但他絕不想把女兒嫁給他們中的哪一個。但不管怎麼說，我們的股票市場又離不開這些經紀人，這些經紀人為我們處理交易。只是，人們在挑選經紀人的時候，需要悉心觀察，認真挑選，做到這一點也就行了。在這裡我一定要提到一種情況：一個大型經紀公司接到一個大客戶的電話委託，是一筆上百萬的投資基金，要全部拋出一大批美國鋼鐵公司的股票，轉而買進同樣一大批伯利恆鋼鐵公司的股票。顧客要求經紀盡快執行這筆訂單。這家經紀公司隨後向數千名客戶發送電報，建議購買美國鋼鐵、拋出伯利恆鋼鐵，這與他們應該為基金客戶所做的事情正好相反，因為這家經紀公司優先考慮執行擁有數十億基金的客戶的委託，以「維護」客戶的利益，但同時，這樣一來，就破壞了占絕大多數的上千名小股東的利益。當然，一切都得走著瞧，也許到了最後，對眾多小股民來說未必就是壞事，因為，這個投資基金的訂單可能是錯的，也許用美國鋼鐵換了伯利恆鋼鐵根本就是個錯誤。不管怎麼樣，站在道德的角度看，經紀人的所作所為絕對是應該受譴責的。

81 一個稱職的投機者應具備哪些性格特點？

敏銳、直覺、想像力。

敏銳：指的是理解事物之間的聯繫，區別出邏輯和非邏輯的東西。

直覺：其實是出於潛意識，就是積年累月的股市經驗和生活經驗得出的結果。

想像力：就是讓一個人不管好事、壞事，盡可能把所有能想像得到的可能性都找出來。

這個人還必須有自制力和彈性，因為人有時候會犯糊塗，甚至常常考慮錯了，這就需要勇於承認。在這種情況下，人們當然還必須承擔後果。

能被稱得上好投機者的人還必須有耐心和勇氣，堅持到最後，直到自己的預想真的實現的那一刻。在每一次成功或者失敗之後，他都應該想一想，是哪個事件促成了這個結果。如果他成功，也不能驕傲自大，而必須保持謙虛，告訴自己其中也有運氣成分。他當然不該吹噓自己的成功，因為，正如許多股市老前輩講的那樣：股票市場上得來的錢只是借來的，肯定還要在下次連同高額利息一起再還回去。股市就像放高利貸的人，每個股票投機者，不管是成功，還是失敗，都得從中學習到東西。

82 投機者最糟糕的性格特點是什麼？

能從錯誤中總結、吸取教訓是一個人好的性格特點，與之相反，壞的性格特點就是固執己見，不肯低頭。你必須有自信，但當你發現自己的錯誤，必須全盤推翻，立刻跳船。我所說的錯誤並不是你買的股票從一百跌到九十；而是說，應該弄明白自己的論證失誤在哪裡，或者注意到出現了戲劇性的意外事件。所以說，一個好的投機者會考慮到不可估計的因素。

83 哪些職業和投機者的性格最相似？

投機者和醫生的職業最相似，還有點像律師、政客或商人，不可能是工程師，或經濟學家和企管專家。

84 為什麼和醫生的職業最相似？

投機者就像醫生一樣，首先得做出診斷：為什麼股市上漲或者下跌？為什麼某一支股居高不下或者低檔徘徊？縝密的診斷之後開出處方。像醫生一樣，投機者必須清楚地知道，他開出的處方是否準確。他還要能明白自己的操作是否得當，出錯的話，會出在哪裡，該如何調整過來，再做出新的決策。像醫學一樣，投機不是簡單的科學，而是藝術；而且像醫學被稱為治療的藝術一樣。

工程師或者科學家的思維方式恰恰相反：純粹是數學的邏輯思維。工程師不允許自己依靠直覺行事，而直覺對於投機者來說，不僅是允許的，還是不可或缺的。投機者想像力豐富，工程師計算精確。律師的情況又是另一種：他也必須有想像力和直覺，可以從中得出判斷，但又被限制在法律的框架內。

85 那作為一個投機者，能做的又是什麼？

一個投機者，應該是個政治學家、社會學家、心理學家、哲學家，而不是企業管理專家。一個出色的企業管理專家很可能會將企業領導得有聲有色，機器的獲利能力、市占率等等都能計算得清清楚楚；但是，他對於公司股票表現就不能做出有價值的判斷了。

而且，從長遠的角度來看，企業的分析固然重要，但影響企業的命運等問題的一些因素，比如國外的競爭、新技術的發明、大眾對新產品的反應，以及投資者對股票的態度等等，卻是不確定的。對於投機者來說，一個企業的資產負債表分析，就像是醫生對要治療的病人進行X光檢查一樣，開處方的是醫生，而不是X光機。

投機者的作用其實就是和法官一樣，法官既不在犯罪現場，也不是武器專家。他詢問證人，聽取專家的專業知識，再做出判決。投機者不是電子、飛機、礦產、鐵路、電腦、汽車甚至化工方面的專家，他聽取這個專家的意見、那個專家的分析，同時還要關注全球的政治局勢，央行的利率政策，然後自己做出判斷，得到結論，是該買入還是該拋售。投機者是個兼容並蓄的人，用法國人的話說，就是「觸類旁通」。有一句話用來形容他們最合適：「你不能什麼都看，但你必須知道它在哪裡。」在法語、拉丁語等許多世界其他語言裡都有過這方面的描述。投機者必須是融會貫通、博採眾長的，才能對股票有更多的認識。他應該把學到的、看到的、聽到的、甚至生活中經歷到的知識和資訊都運用到炒股中去。

我感覺最重要的是，到生活中去學習；經常旅行，了解這個世界裡生活著的各種人，甚至學會某種憤世嫉俗的態度，看透商界領袖、銀行家、金融家、經紀人、政客等物種組成的動物園。我們還必須學會在字裡行間去領會、揣摩，因為每一項解釋都可能對有些人來說是正面的，但另一些人理解起來可能就是負面的，主要是看這是由誰說的、動機是什麼、來源是什麼。扭轉金融界乾坤的人很聰明，而我們投機者必須更聰明。

86 股票投機和哪些日常的遊戲最接近？

和幾種遊戲接近，像撲克牌、斯卡特（德國三人玩的牌戲），還有橋牌，但和西洋棋或者輪盤賭根本不同。就像玩牌的人會因應手裡握的牌來打；好的投機者也要適應不停變化的局勢，見機行事。這些事件對投機者來說可能有利，也可能不利。好的投機者就像好的牌手一樣：當一手好牌時他贏很多，一手爛牌時他輸很少。如果來了突發事件，投機者在有利的事件裡盡量多賺錢；在不利的事件盡可能少輸錢。

西洋棋純粹是個相互組合的遊戲，運氣根本不起作用。輪盤賭又與此相反，是個絕對靠運氣、從不需要計算能力的遊戲。只有那些賭鬼才會以為自己從中找到規則。股票投機是這兩個遊戲特點的結合：一半靠運氣，看看某個事件對自己是否有利，這個不可預測，像賭博；另一半靠的是組合、計策和謀略，像下棋一樣。

投機者的思考

87 學習哪些東西對於未來的投機者有利？

對於一個投機者來說最好的學習內容就是大眾心理學（最好的教材就是古斯塔夫・勒龐〔Gustave Le Bon〕寫於一八九五年的《大眾心理學》〔*Psychologie der Massen*〕）。因為股票和趨勢發展的重要因素是大眾的行為，即使有最先進的電腦，任何經濟學者也無法計算出這一點。

當然，投機者應該最先掌握好世界上最通行的語言，主要是英語。我有個很要好的朋友，是經驗豐富、才華橫溢的股票經紀人；但有個缺陷，除了德語之外，其他語言一竅不通，讀不懂用其他語言寫的重要文章，這對他來說是個巨大的障礙。人們跟他接觸的第一個感覺就是，他不了解國際新聞，這當然會阻礙他的發展。但他擁有另一個長處；不停地學，學了七十年，活到老學到老是最高學府的文憑。

88 一個投機者必須什麼都知道嗎？

什麼也不用知道，但應該什麼都能理解。當你把其他一切忘光之後剩下的東西，就是股票知識。包括資產負債表、股票價格、股利、年度報告，以及你可以在一個藏書豐富的圖書館裡找到的所有工具和更多內容。重要的不是成為一部活的百科全書，而應該做一個能夠在正確的時刻把握許多相關性的人。簡而言之，應該是一部可以捕捉海象的雷達，我們必須成為思想家，不斷地思考全球各個方面的最新資訊，這是作為投機家應該具備的態度。他對計算和統計數字常常不精確；但對於一個勤於思考的投機者來說並不構成障礙。真正了解這個世界和這個世界上的人，就不會打著燈籠去尋找想法和技巧，而是自然發揮。就像塔木德學生聲稱的：「我找到了一個偉大的、正確的答案。現在我只是在給這個答案尋找正確的問題。」

89 那麼，一個投機者該如何思考、如何行動？

投機就是不斷權衡利弊之後尋找出一個可能（我需要強調一下的是，是可能且不確定）得出正確結論的哲學。一個數學家的大腦對於股票投機來說也是適合的，之所以這麼說，倒不是因為股票是建立在數學之上，而是說，數學肯定也是邏輯思維的訓練。經濟學、管理學還有技術的思維方式都是股市邏輯的大敵，因為股市邏輯與日常生活的邏輯並不相同。在股票市場合邏輯的東西，在日常生活之中看來卻常常是不可理喻。

企管專家在企業的經營分析中能起到重要作用，也就是資產負債表分析。不過那些資產負債表說來說去大都是錯的、故意作假的，即使這些財報都客觀、真實，那也是過去式了。股市的表現是漲或跌，不是因為它們真的就好或者不好，而是有跡象表示公司發展趨勢將是好或是不好。股民正是因為資產負債表不好看而買股票，有跡象表明將要變好就夠了。果真要是照著日常邏輯來投資，誰會買一個即將破產公司的股票？買這樣的公司，你是幾乎沒希望掙到錢的，因為對於一個公司來說，從資不抵債掙扎到具有償付能力的差距，是要遠遠大於從經營良好到業績更好的距離。這樣的情況同樣適用於一個瀕臨破產的公司，但終究沒倒閉，它的股票倒是陡然上翻很多倍。而一個公司幾年來業績很好，發展又愈來愈好，但實際上卻不一定會反映在股價上。

從一些不良債券（可以是國家、州或公司債）中，人們也能掙大錢；就是即使出了意外，其償付能力也有保證的那種。我想舉個最恰當不過的例子，就是德國的外國債券，是由德國聯邦政府和各邦政府償付的，這些債券是在戰前由多種貨幣發行，比如說，有美元、英鎊、瑞士法郎、荷蘭盾、法國法郎等等。按照一九五二／一九五三年的《倫敦債務協議》，本金要一〇〇%償還，並支付五年滯息。艾德諾政府甚至不用法國法郎、而是以美元償還以法國法郎計價的青年債券。簡而言之，我在一九四七年在巴黎證券交易所用兩百五十法郎買到面值一千法郎的青年債券，三年後債務協議簽訂，債券以三萬五千法郎的價格償還；這也是在我的投機生涯中得到的最高獲利率了。

你必須有豐富的想像力，展望遙遠的未來，才有勇氣在戰後德國一片廢墟、缺乏外國資本的時候，用美元、法郎購買債券。在我買進時，對德國終有一天能夠履行償還義務的希望微乎其微。但這就是股市，做投機，看的就是幾年後的事。

90 請您給我們舉個例子，說說一個在股市上看似不合邏輯的論據，怎麼又確實是有邏輯的？

人們可能會認為，經濟大幅成長肯定也對股市行情有利。然而，錯了！經濟繁榮的階段恰恰需要大量資本的直接投資，同時也吸收大量的儲蓄。而此時便沒有那麼多的資金用來買股票。銀行難以滿足貸款需求，特別是中央銀行提高了利率，為的是抑制經濟繁榮可能會產生的通貨膨脹。經濟成長的正面影響只會在以後才出現。如果在高利率的巨大壓力下，許多已計畫好的投資被延期，經濟繁榮的腳步又放慢。一下子，銀行裡有了許多多餘的錢，央行鬆開手中控制貨幣供給量的閘門，利率下調，這時候股價就能攀升。更重要的是，原來注入的資金因高利率而收穫頗豐。於是，就出現了剛才提到的現象，經濟特別繁榮，營收不斷成長，但股市在能夠如實反映經濟現狀的狀態之前，卻有可能是下跌的。

91 即使您從長期來看對股票持負面看法，甚至風險很大，那是否應該在短期內買？

不，在任何情況下都不能！如果你認為這輛車開五十公里後可能會發生嚴重事故，你甚至不會在開五公里時上車。

如果人們認為國外或國內政治發展可能對股市不利——但只有在一定時間之後，因為距離選舉還很遠——那麼人們就必須考慮到它的風險，而不是忽視。我仍然清楚記得一九三〇年代的一次個人經歷。

當時由於某些原因，我對巴黎證券交易所持看跌態度；原因部分是經濟的，部分是政治的。但由於技術原因以及辛迪加（Syndikate，壟斷團體）的操縱，股市不斷上漲。隨後德國大選，希特勒的國家社會黨首次大勝。六十七個身穿棕色制服、佩戴納粹黨徽臂章的納粹代表步入國會大廈。對許多人來說，這是可怕的事件，實際上也是驚嚇。

然而，巴黎證券交易所並未注意到這件事，儘管這是對未來發展的一個徵兆，行情持續上漲。我對我的證券交易所同事一說再說這種漲勢，但徒勞無功——在鄰國、法國的宿敵，有個政黨正在獲得威脅和平的權力。「德國發生的事情跟我們有什麼關係？我們在法國！」我的同事說。

我對這種愚蠢的反應大感沮喪，並告訴他們我幾天前看過的一部滑稽電影：「巴斯特・基頓（Buster Keaton）在荒野中的一座小房子裡彈鋼琴，邊演奏邊夢幻般地看著天花板。突然，一個壞人來了，放火燒了房子。建築物著火了，火焰燒毀了所有牆壁。巴斯特繼續如夢似幻地彈奏，什麼也看不見。當牆壁完全燒毀時，他仍然演奏直到樂曲的最後一個和弦。然後他環顧四周，驚恐地發現房子已經不在了，於是驚惶失措地逃跑。當你發現房子著火時，也會有同樣的感覺。」

92 然後到底發生了什麼事？

就像我說的。慢慢地，股市大眾發現希特勒上台並不是一場玩笑。他們失去了繼續炒股的欲望。股市崩跌，我賺了大錢。結論是：投機者必須始終眺望遠方，而不能只看鼻尖。

當我年輕時學開車，駕駛教練對我說：「不要總是直視引擎蓋前面，你要抬起頭，看著遠方三百公尺的地方。」我嘗試了一下，開車技術判若兩人。股市也應該如此。不要考慮明天或後天價格是否會上漲，而是考慮未來幾個月和幾年內可能會發生什麼。

93 股市投機就像輪盤賭嗎？難道你不該在第一次贏錢時再加碼？

這是性格和年齡的問題。你只能思考，但不能給任何建議，就像輪盤賭一樣。

94 所有的理論都有灰色地帶——這是投機家的一劑靈丹妙藥嗎？

絕對是的。沒有什麼科學論文或系統性可言，這就是唯一的靈丹妙藥。你只可以猜測、預感，然而你不可能清晰地看見什麼。我過去常聽到一些炒股老手說：「現在股市真是捉摸不透啊！」對於這樣的抱怨只能一笑置之，股市什麼時候是能看透的呢？要是人們能看透股市，那它就不是股市了。即便是身經百戰的投機者也不能預見未來，只能大致看見股市的輪廓。人不可能先知先覺明天或者後天的事。但人們必須想明白今天和昨天發生的事。能做到這一點就已經很不錯了，因為大多數人還是弄不明白。

95

儘管一切都不明朗，但是人們還是可以從經驗裡學到一些東西吧？

非常正確！所有的股民和投機者都在一片黑暗中，他們也只能在這黑暗中摸索，憑著感覺來發現他們要尋找的目標。當然也有一些人在黑暗中待了很久，會比剛從光天化日之下來到一片黑暗中的人更容易找到夢寐以求的東西。

96

但是，許多銀行家斷言他們能預先知道一些事情，這可能嗎？

永遠不要相信那些聲稱自己已經找到真理的人，只應該相信那些一直在尋求真理的人，這是法國詩人紀德說的。我們總是在尋找股市運行的準則；但是，我們什麼也不可能知道，只能猜。

97

對於一個投機者來說，他只有一個上帝——金錢，是這樣嗎？這是他的行為準則嗎？

不一定。有些藝術或者文學天才都是熱情的股市投機者。西塞羅（不過他不是投機股票，而是做房地產）、伏爾泰、博馬切（Pierre-Augustin Beaumarchais）、羅西尼

（Gioachino Rossini）、巴爾札克、高更、普魯斯特，可能還有叔本華，另外很多人都是。我曾在美國一個經紀人辦公室裡結識了當時最有名的小提琴家克萊斯勒（Fritz Kreisler），他總是想得到些投資建議。的確，與我相比，他在股市中有一個極為優越的條件，那就是他下午在股市裡賠的錢，晚上還可以透過拉小提琴賺回來。

對我來說，金錢絕對不是上帝。很多人都認為投機就是一種頭腦體操、智力遊戲。對於這些人而言，發現自己的判斷正確，比賺錢還快樂，就像打牌、輪盤賭、玩賽車一樣，投機是一種刺激，不僅僅是錢的問題，勝利才是首要任務。對於那些熱情高漲的牌迷來說，獲勝是最大的樂趣，輸錢則是其次。

98 投機可以是有道德的嗎？

當然了，但有極少數不是。投機並不總能帶來經濟進步。

99 在股市下跌時如何投機呢？

我可以用股市流行的一句話來答覆你這個問題：「放空投機者會被上帝鄙視，因為他總想謀取別人的錢財。」放空投機者只有在別人損失的前提下才能掙到錢，他們把自己賺錢的幸福建立在別人破財的痛苦上，對於這些不特別注重道德的人，就不得不用席勒的話來回應：「祝福只存在於給予之中」（股票市場的術語中「給予」就意味著「賣出」），空頭投機行為是一種特別的機制。在德國，人們管這種看跌投機叫賣空（Leerverkaufen），即人們在還沒擁有某種東西時就先把它賣出去。這需要對還沒擁有的東西有一定的理解，盎格魯撒克遜人管那些空頭市場叫「熊市」，意思是說，在「熊」被弄到手之前，熊皮已經賣了。熊市有特殊的性格。看空的人抱有根深柢固的悲觀主義，總是認為股市竄得太高了，他們常常是在股票下跌上投機。

我想起在布達佩斯股票交易所時，關於一位做空投機者的故事，他總是在股市下跌上大舉投機；但是，股市一路攀升，升得愈高，他的損失就愈大。有一天，他站在交易所的角落，大廳裡一片嘈雜，行情還在自顧自地上升著，一個同事問他，惹他生氣了：「您覺得做多的人賺到多少錢？」

「這對我來說根本無關痛癢。」那位做空投機者回答說，「因為，股市一跌，他們今天掙的所有錢都會回到我的口袋，只不過他們花在香檳酒和女人身上的錢，對我來說是收不回來了。」

100 投機操作過程中也要有一些道德的考慮嗎？

這個問題很難一言以蔽之回答，主要是看它是人道主義的道德還是立法角度的道德。許多投機者認為法律是不道德的，這特別適用於實行外匯管制經濟的國家。我認識一個從維也納來到巴黎的投機者，他剛來，在咖啡館裡喝咖啡時，問同事的第一句話就是：「孩子，請告訴我，巴黎有什麼事被禁止？」要知道，當時所處的時代是個什麼樣的時代：巧妙規避法律規範的複雜生意，才有利可圖。

投機還是有道德層面的，特別是在做空投機或者在股市崩盤時。原因在於，賣空投機者只有在別人虧損時才獲利，更不用說崩盤往往是政治事件或是自然災害的結果。戰爭、革命、地震、意外等等，都能引起股價下跌。做空投機者就是在這些事件中大賺其錢。他們的做法同常規不一樣，沒有長期的資本投入，且有落井下石的嫌疑。我不認為做空投機者會因為這種考慮而收手。

我還認識一個做空投機者，他從不將自己束縛在道德的框架裡，但是，有時候他也會受到良心的譴責。這個人就是我自己。故事是這樣的：一九三二年，我對火柴大王克魯格（Iwan Kreuger）的公司操作了一大筆賣空交易，克魯格是一位來自斯德哥爾摩的天才商人，他建立了一個以自己的姓氏命名的火柴公司，掌握著幾個大國的火柴壟斷權；

他在美國和其他幾個富有國家發行大量債券，注入資金到經濟相對較弱的幾個中歐和東歐國家，並獲得這些國家的火柴壟斷權。當威瑪共和國和匈牙利等國不還款的時候，其惡果波及整個克魯格集團，集團陷入危機，瀕臨破產。

債務國不還款，他也不得不停止向債權國還款。我看到各種跡象，相信克魯格集團很快就要倒閉，於是做空了一大筆克魯格公司的股票。股票慢慢下跌，愈跌愈深。突然有一天，出了一條爆炸性的新聞，說克魯格在巴黎的公寓自殺了。第二天，股市一下子跌入深淵，甚至無法報價。我賺了一大筆錢，但這是以人命為代價。我覺得自己幾乎是克魯格之死的共犯，無論如何，我還是在道義上狠狠地譴責了自己。我與這個公司的悲劇結局並沒有直接關係，但發生的一切使我心靈深受打擊。因為我當然不認為克魯格是世界媒體所描述的騙子。他做生意的基本想法是合乎邏輯和誠實的，只是政治和經濟形勢改變了，他是不利環境的受害者。

任何人都有出於道義而不去購買某個公司股票的自由。有一次，一名年輕的實習生向我提出一個問題：購買軍火業的股票是不是道德？在美國，出售槍枝絕對自由的做法肯定是不道德的；另一方面，國家又需要武裝來捍衛士氣。無論如何，應該要求政府考量道德問題。因為不僅僅是槍枝，還有煙草、酒精，都向政府繳了大量稅收。我也認為賭場是不道德的，儘管如此，賭場在德國還是如雨後春筍湧現。我還認為，另外一種現象也是不道德的，有些銀行大做宣傳購買和囤積黃金，還向儲戶解釋說如何在某些國家免稅買黃金等等。另外，購買金幣都是一種資本輸出，通常是本國貨幣面臨壓力的時候。當儲戶把錢匯往國外時，他們的錢就會從本國經濟中抽取出來。

購買黃金是一種毫無結果的投資方式，投資製造業更有利於國家發展。除此之外，銀行還給儲戶有關逃稅的建議。我還可以給你們講出一大堆類似的例子。如果有個人完全順從道義的角度而不去投機，倒也不是壞事。只能說，好壞參半，因為他有一半賠錢的可能性。

101

一個投機者應該受政治立場影響嗎？

不可以。一個投機者在做出投機決定時不該受自己的政治立場影響。很多股票族因為對自己的政治立場的愚忠，錯過了一些特別能帶來效益的機會。例如，二戰後，許多瑞士人和荷蘭人出於仇視德國的原因，絕不購買德國債券，因此錯失了發財的機會。因為如果他們購買德國債券來投機德國的重建，本來可以大賺一筆。後來，瑞士人購買了三十年前他們不要的德國債券，數額與當年買的價格相比，真是天差地別。

102 對於一個投機者來說，最危險的是什麼？

半真半假的資訊，它們比完全錯誤的資訊還可怕。因為，半真半假的資訊實際上就是謊言。一個完全錯誤的資訊，投機者可以批判的解讀它。而假資訊常常令人震驚、出人意料，只有心細的投機者可以掌握。最危險的就是對正確資訊的錯誤解讀。因為這是由於錯誤思考而導致的結論，也可能是缺乏對此事的了解。不正確資訊的錯誤解釋可能反而能帶來好的結果，因為負負得正嘛。

103 投機者在成功之後該有什麼樣的態度？

成功之後，無論戰績多麼出色，一個投機者應該仍然保持謙虛，在任何情況下都不要驕傲，因為就是最蠢的人也有可能在股市上贏幾次。更何況，恰恰是許許多多的傻瓜造就了股市的發展趨勢。一個傻瓜也只不過是人群中的一分子。

股價走勢只有兩種可能，上升或者下跌；當然，範圍不一、強度不等。當一個人在二選一的可能中選對了，他的成功不足以成為他自負的原因。也有些時候就是運氣好，像是擲硬幣的遊戲一樣：是正面還是反面？事情就定了。而一旦人又有了新的想法，也就又有了新希望。當然，還需要抱持懷疑的態度，因為會有太多不可估量的事情會發生。

104 一個金融家是不是必須準確地分析交易中的贏利和損失？

金融家必須對他所交易的公司瞭若指掌。但金融家和投機者這兩個詞不能混為一談。金融家經常忙於自己發動的交易，確保控制權、策畫併購、創辦新事業、設立信託基金等，所有這些活動都讓他事務纏身，不得清閒。

因為他創辦公司，為了獲得必要的資本，就必須涉足股市。他還透過股市獲得對他想要主導的公司的控制權。他以水平整合的方式將互補的公司聯合起來。因此，他的行動會產生連鎖反應，引起影響整個股市的重大變動。投機者則被動地旁觀這些變動，雖然這些變動不是他造成的，但他可以從中獲利。他的交易工具觸手可及，而且少之又少：一部電話、一台收音機、一個螢幕、幾份報紙；當然，不可或缺的秘密是：他知道如何讀懂字裡行間的真正含義。

投機者賺多少錢

105 小本金能賺大錢嗎？

是的，你也可以從小本金做起。透過購買陷入困境、瀕臨破產但在最後一刻得以挽救的股票。這稱為轉機股。

或者，如果你在上漲之前的正確時刻抓住了趨勢，也可以透過選擇權賺很多。這也是可能的，但我更喜歡第一種情況。當然，賺到第一個百萬是最難的，不光是在股市，任何工作都一樣。不過，我必須強調一點：不要想像有多少年輕股民可以賺大錢或是以炒股謀生。

106

優秀的股市投機者一年能賺多少錢？

他無法「賺到」任何東西，因為在股市上賺的錢不是收入。你不可能每年透過炒股賺取巨額收入。在我看來，當你在講一個投機者在一年內成功賺進這麼多收入時，聽起來是不對的。首先，任何價格波動產生的東西都不能稱為收入。這些是資本利得，但不是收入。證券收入包括股息、利息、票息等，不包括資本利得。你可以在股市獲利、賺很多錢，甚至致富；你可能會賠，賠很多錢，甚至破產。在任何情況下，你都沒辦法計算每月和每年的利潤。一個好的投機者可能會多年賠錢，然後有六個月的利潤就超過了前幾年的虧損。結論是：你沒辦法以年數和百分比來計算股市的成功。

107 是否應該告訴所有潛在的投機者不要只賺蠅頭小利？

是的。凡是在股市上過度看重小利的人，賺不到大錢。「如果是塊豬肉，就得是塊滴著油的豬肉。」虔誠的猶太人這麼說（猶太人禁止吃豬肉）。每個股市投機者都應該牢記這一點。

如果非要冒上風險，那麼一定要賺大錢、賠小錢，才值回票價。

108 這個前提適用於所有人嗎？

我為我的學生創造了一句經常被引用和談論的話：「有錢的人，可以投機。錢少的人，不可以投機。根本沒錢的人，必須投機。」（當然，我所說的「沒錢」是指幾乎沒有錢，可能只有一小筆錢。）

投機者的日常

109 股票族是不是必須時時保持理智和邏輯，盡可能避免愚蠢？

他倒不一定時時刻刻保持清醒，合乎邏輯，因為有的時候在股票市場上，愚蠢的人也能歪打正著。股市上的邏輯就是：必須常常不合邏輯，這也正是投機和股票分析的最大藝術。

110
成功的投機者要全天投入嗎？

不，還要運動、開車、打牌，另外你還得花點時間思考、權衡利弊再做決定。釣魚對投機者來說是種很好的消遣和放鬆，因為當你安靜地坐在岸上等魚上鉤時，可以思考重要的問題。對我來說，聽音樂是思考和總結的良伴。

111
股票族可以酒後炒股嗎？借助酒精的作用而做出自己投資的決定？

可以。酒精能激發人的想像力，衝破固定的禁錮，這常常是特別有益的。

112
投機者必須重視他的夫人或者女友的意見嗎？

女人總是有一種特別強烈的直覺和突破本能的感知能力，這些天性上的特質能夠彌補男人的邏輯思維能力。

113 投機者可以迷信嗎？

可以有那麼一點，如果他本性如此的話。這也容易理解。投機者常常給自己訂立一個假設，所有相關的論點都是合乎邏輯並且論據充足。他自己暗自思忖，事情一定會是這樣。但事實證明，這筆投機錯了；然後，他會自言自語：我太倒楣了。當他把出錯歸咎於運氣不好時，他就已經迷信了。那種迷信常常與本能連結在一起，這是非常有用的。

114 一個好的投機者應該親自去股票交易所看最新資訊，還是委託經紀人就行了？

時時刻刻追隨股價波動的每個細節、觀察股市行情走勢的做法，是大多數股民都採用的方式。但是這會擾亂投機者的清醒思考，反而有害。要是隨著股市的大趨勢走就夠了，那他只能成為普通股民，而非投機者。當然，趨勢是會好轉還是會變差這些大的方向性問題，我們心裡必須清楚。只有那些股票交易大廳的經紀人、員工和夥計才需要時刻關注每檔股票的情況，因為要回答客戶的各種問題。投機者應該保持一定距離。

我自己就有一個非常特別的方法，我從不會精確地知道指數，還有操作的某些股票價格也不會知道得那麼精確。因為我不願意讓投機方案受到當日行情變化的影響。我只要把握住股市的情緒如何影響行情。我已經有了自己的想法，接下來需要的就是耐心，驗證一下我是否正確。也許正確，也許不正確，即使在此期間股市有些跡象不符合我的想法，我也不會改變主意，而會保持冷靜。我知道，這樣做很難，但人們還是要接受大量訓練，當然任何人都可以慢慢練習。

115

那什麼時候可以做投機的結算？

只有繼承人去做了。這些繼承人是他們先輩唯一的見證人，知道他們的炒股最終成績如何，成功還是失敗。因為只要投機者一涉足股市，有買入有拋出，產生了新的想法，有了新的舉措，在股市上賺來的錢其實都等於從股市上借來的，這些錢常常是要用極高的利息還回去。

所以，一個投機者，只要他活著，他在投機，他可以永遠不結算；或者，他退休了，決定再也不去關注股票的時候，才可以結算。否則，股票又會像磁鐵一樣把他吸回去。

一個熱中於玩牌、輪盤賭的人，絕不會永遠離開賭場。今天手氣好，他贏了；明天，他還會再回來玩。所以人人都知道，當一個賭徒贏了一大筆錢，賭場老闆一點也不會擔心，因為他確信：無論如何，贏錢的人反正是要再回來的，被贏走的錢早晚也是要再輸回來的。

「最倒楣的就是，」有一次一個賭場老闆對我歎息，「有些人在我這兒贏了錢之後走了，又到別的賭場去，把錢輸在那兒了！」

投機者語錄之三

- 我們不該用眼睛去追隨事件的發展過程，而是應該用大腦。
- 在德語中有一個詞很奇怪：工商管理碩士（diplomkaufmann）。在我看來，商人的文憑就是他的資產負債表。
- 在德語中有一個根本不可能成立的詞：銀行商人（bankkaufmann）。這個詞從語意學的角度來說是個謬誤，因為那個人既不是銀行家也不是商人。銀行家和商人對生意的態度恰恰是矛盾的，銀行家要收利息，利息愈高愈好；商人必須付利息，利息愈低愈好。銀行家看重的是投資的安全性，商人們則是靠想像力行事。
- 在著名的大作家司湯達的墓誌銘上寫著：他活著，他創作著，他愛著。可是在一位不走運的投機家的墓誌銘上寫的卻是：他活著，他投機著，他失敗著。
- 有兩種投資者，一種是直觀的投資者，一種是非直觀的投資者。直觀投資者用他們自己能夠親眼看到的商品、房地產、抵押品等等，進行投資；另外一種非直觀投資者交易股票、有價證券等等，聰明的股市投機者屬於非直觀投資者的範疇。非直觀者看到別人看不到的機會。

• 在每一次繁榮時期，特別是通貨膨脹（輕鬆賺錢）的時候，人們開始時最應該保持積極，結束時保持聰明和理智。

• 人們常常談論到銀行危機，這不得不讓我想起年輕時在威尼斯的一段時光。當時正是雨季，一到夜晚來臨，聖馬可廣場上就大水氾濫。到了早晨，水就退下去了，一點也看不出晚上發大水的痕跡。有一些銀行，有時候財務數字會「低於水位」。但一段時間後就會恢復過來，甚至可以支付更高的利息，所以，沒有人在喋喋不休地談論銀行危機，所有的一切都被拋在了腦後。在我五十年的股票生涯中遇到過好幾次這種事情。在德語的詞語結構中，「倒閉」一詞的詞幹是「銀行」，就是說，「倒閉」一詞與「銀行」有關。而現在的大銀行家恰恰不在破產之列。世界上，不僅有社交網絡，而且，還有貸款網絡。每個債權人都是他人的債務人，這個債務人又是別人的債權人。如果債務人不付款，他們將享有延期償付，這也適用於鎖鏈中的其他債務人。

• 在過去混亂的年代裡，很多唯利是圖的人都想把事情搞得更亂些，為的是渾水摸魚。

• 賭博是一種激情，它帶來快樂，也帶來痛苦。賭徒最大的樂趣就是贏。第二大樂趣就是輸。因為賭徒最大的快樂就是輸贏之間的緊張感。如果沒有輸，就沒有緊張，因此也就沒有快樂。

- 莫里哀寫道：知道太多的傻瓜，比無知的人愚蠢一倍。這一結論也適用於股票市場。
- 一個真誠的債務人寧願讓他的繼承人失望，但絕不讓債權人失望。
- 我們不可順應潮流，而應逆流勇進。
- 投機者生活的五分之一是股市，賭徒則是五分之四。
- 在受教育方面沒有哪個人是受到十全十美的教育，都只受過一半而已。關鍵要看他是如何接受這一半。
- 如果財經媒體不存在，就沒有必要發明它。
- 肯定有那麼一些人樂於不做自己的債主。
- 一個老股票經紀人可以失去一切，唯一不可失去的就是他一生的經驗。
- 克里蒙梭（Geroges Clemenceau）曾說過：戰爭是個嚴肅的東西，不能交給軍隊去處理。今天，我們也可以這樣說：經濟是件非常嚴肅的事情，不能由教授和經濟學家來處理。
- 股票市場上最大的危險就是出乎意料。這種時候，只有極少數的股民能保持冷靜和客觀。很多股市危機源於不是客觀的思考，而是大眾的情緒反應。某一個小得不能再小的問題如星星之火，終成燎原之勢。

- 股票市場上的大眾心理反應就如同在電影院裡一樣，有個人打呵欠，別的人也跟著打呵欠；有一個人咳嗽，立刻一片咳嗽聲。
- 資本主義西方國家的情況很危險，但並非絕望；共產蘇聯的情況並不危險，但毫無希望。對於蘇聯的盟友來說，我們當然可以套用波吉亞（Borgia）時代的法國諺語：「從教宗廚房出來的人，必死無疑。」
- 許多資本家是這樣度過一生：用一生中的三分之一時間聚集資本，用三分之一時間來管理資本，用剩下的三分之一時間思考遺產分配的問題。
- 記者和股市投機者的工作源於同樣的資料：新聞和事件。記者描述它們，而投機者則對它們下注。
- 每一個股票交易所的跑腿小弟手裡的筆記本都藏著一大筆錢，他只需要把它找出來。
- 股票投機者一般都是大時代的玩家，玩的就是他們的錢包。
- 通貨膨脹其實就是民主的代價，或者說是討好人心的代價。因為沒有一個議會敢推出一些抑制通貨膨脹的嚴格措施。
- 每個股市經紀人都要忍受他的智慧的盲點，因為即使是最有智慧、最真誠、最負責的經紀人，有時候也不得不屈服於客戶的訂單和佣金。

- 國家破產？銀行危機？對此只有一個回答：虛張聲勢！
- 股市走勢是強是弱，完全取決於交易者的立場。同樣的行情，一個說強，另一個卻說弱。

第4篇

股市週期的解答

景氣與股市

116 在經濟危機中，股市是如何反映經濟的態勢？

道理正好相反。在經濟衰退期間，股價開始上漲，因為在生意和投資疲軟之下，可用的資金和大量的貨幣只有部分被使用。人們把錢放在存款帳戶讓它睡大覺，但是，儲蓄利率可是要比股票的資本利得或股利低得多。另一方面，在經濟低迷時期，會出現許多新的股票進入市場，有部分是增資，有部分是新股上市，這些對交易中的股票會形成競爭。這種情況就有點像二手車市場：當汽車廠出貨遙遙無期，而市場需求量又很高的時候，有時二手車的價格甚至要比新車的價格還高；相反，汽車廠大做廣告又提供優惠，有時還打折或大方送配備，那二手車市場就被晾在一邊了。

117 那麼，結果會如何？

你必須反週期而行，根本不要考慮股市上大眾股民的普遍觀點。

118 經濟和股市的關係總是如此嗎？

或許並非一成不變，但大多數時候都是如此。經濟和股市在某種程度是相關的，但正如我所說，兩者不是並行，而是有時間差。大多數情況下，股市的走勢是經濟發展趨勢的前兆。但是，一段時間的經濟繁榮之後，在降溫和流動性增加的影響下，股市也會隨著經濟降溫而出現繁榮，不僅可以期待賺到錢，而且可以期待更大的利潤。

119 除了經濟情勢之外，還有哪些因素對股市走勢有決定性影響？

為了促使股市行情上漲，有兩個重要因素必須是正面的：流動性和投資大眾的情緒。如果股民有能力、而且願意購買股票，行情就會上漲；當股民手頭緊、而且不願意買股票，行情就要下跌。情況經常是這樣：兩者中的一個因素是正面，而另一個因素是負面。那麼，股市就不會出現大的波動，而是波動幅度很小。這時，對那些只做短線當沖的玩家來說，是個最理想的時機，這些人今天買，明天賣，股市曲線也是上來下去，下去上來，直到兩個因素同時都出現正面或負面態勢之時。當兩者都處在正面狀態中，曲線就會開始上升，甚至是出現令人陶醉的美好時刻，賺了錢後歡呼雀躍；如果兩個因素同時到達了低谷，呈現負面態勢，股市就會急遽回落，出現恐慌，令人悲慟欲絕。流動性和股民的情緒也能相互影響：利率下調，股民投資情緒昂揚；反之，情緒不佳也會減少流動性。所以說，比如，對一場世界政治危機或者是緊張局勢的擔憂，其負面影響就會波及債券市場，因為人們無心做長期投資，只想把手中的債券早早出手。那麼，恐懼帶來的結果就是債券殖利率上升。然而，流動性倒是一直發揮更重大作用，流動性是股民一直所嚮往、追隨的；因為政府的利率政策的確是公開的（至少在短期內），而人們的心理狀態又是如此的不可預測。

120

您在實務上遇到過這種現象嗎？

那是當然。當我在股市（一九二四年在巴黎證券交易所）裡開始我的股票生涯的第一天，一位年長的紳士就對我說道：「年輕人，我沒有在這裡見過你；你是新手嗎？」「是的，我是ＸＹ公司的實習生。」「原來如此。」他回答說：「你的老闆是我的好友。我會簡要解釋一下這裡發生的事情，所有的一切都取決於一件事：是股票比傻瓜多，還是傻瓜比股票多。」這句話至今還在我耳邊回響。事實上這就是股票走勢分析的簡易辦法。那位老先生的定論似乎有些偏激，很可能他常在股市上感到失意，但基本上他有道理。今天，我試著用另外的話概括一下這個真理：對股票持有者來說，他要賣股票；對手有餘錢的儲戶來說，他要買股票。一切取決於是哪一方更想要、更緊迫。

121 您直至今日對此觀點還是堅信不疑嗎？

絕對！不是股票的品質好壞決定了股市的升降，而是市場的供需關係決定了股市的漲跌。投機者還必須分析供給與需求可能來自哪裡。

122 您如何看待流動性的重要性？

像已經說過的：起主導作用的還是流動性，因為股民的投資心理是善變的。他們可以在一秒之內做出完全相反的決定，從一個極端竄向另一個極端。然而，流動性的發展是可以追蹤的——至少在一段時間內是這樣，長遠來看就沒辦法了。人們可以依照中央銀行的利率和各大銀行規定來做出自己的決策。不具流動性，股市就不可能上漲。就像是舊時代匈牙利的吉卜賽人唱的那樣：「沒有錢，就沒有音樂！」錢就是音樂！錢就是點燃股市之火的燃料。

我可以用下面這個例子來說清楚股票市場和資金市場的關係：想像一下，一個大浴缸和一個小浴缸並排擺著，我們把大浴缸看作是整個經濟體裡的資金，那個小浴缸就是股市。資金從各個管道如流水般注入大浴缸：有信貸政策帶來的、有存款的；外匯注入的；有貿易順差帶來的；有從境外流入的資本等。而從大浴缸裡往外流的卻很緩慢，較低的產業、公私部門資本需求，以及很低的稅收，致使大浴缸的水位上升。水愈積愈多，當水溢出大浴缸的時候才會流進小浴缸，也就是股票市場，股市行情便被推高。德國近三年的情況就是這樣。

但與之相反的是：當大浴缸裡的水迅速流出，出的比進的快的話，大浴缸自身喝不飽，沒有多餘的水流向小浴缸，即股市，那麼，股市行情就會下跌。所以，人們必須密切關注大浴缸裡的水位高低。

固執的人、猶豫的人

123 還有其他影響股市趨勢的條件或因素嗎？

嗯，當然還有！左右股市漲跌的一個特別重要的條件就是市場的技術狀況。我所說的市場技術狀況是，在經過長期的上漲或下跌之後，大量的股票是掌握在固執的人還是猶豫的人手中。

124 您所說的「固執的人」和「猶豫的人」是什麼意思？

這完全是我個人的定義；可能許多人都很難理解，不過，我還是想講一下：「固執的人」有四大因素，即：想法、耐心、金錢，當然還有運氣（這不言而喻）。

想法，就是說，對股票感興趣的人，必須有自己的想法、觀點和信念。他還必須有耐心，也就是沉得住氣，不然的話，當他花了一百買的股票價格掉到八十，或是買了某支股票後耐不住無聊就會賣掉。當然，就事論事的話，如果價格漲了很多，那他的考慮是正確的；如果他認為這檔股票沒受什麼重大因素干擾就掉到八十，那他倒更應該買進，因為在一百的時候他就斷定這個價格不錯而買入，那到了八十的價格應該更好。

但是，他當然還得有錢才能堅持下去。我說的不是多大筆錢，而是說相對來講不少錢就可以了。一個普通儲戶，手裡有一萬馬克，雖然他只買了六千馬克的股票，但他也有「錢」；再比如，一個千萬富翁投資三千萬買股票，同時欠了兩千萬馬克，那他還是沒有足夠的錢來保持耐心（他根本沒錢，只有一個被記在會計帳本裡的帳戶餘額）；只要他的股票稍微下跌一點點，就要向債權人進一步提供保證金，如果他辦不到，即使他有耐心，債權人（即銀行或者股票經紀人）也必須結算他的股票。這種情形不會發生在小儲戶身上，因為他不會做這種超出自己實力的購買行為。

猶豫的人是指不具備四大因素的前三種的人，即沒想法、沒錢、沒耐心的人。如果他阮囊羞澀，光有耐心也寸步難行，但是，如果他雖然有錢，卻沒有自己的想法，那他也沒耐心、沉不住氣；如果他錢袋鼓鼓又有想法，但是脾氣急躁，那他就堅持不了。

「猶豫的人」和「固執的人」之間還是有些灰色地帶。一個人有時候猶豫的心態多些；有時候固執的心態嚴重些；有時候，猶豫的人能轉化成固執的人，但猶豫的人卻很少能轉化成固執的人，除非訓練有素、身經百戰的人才能夠做到。

當證券被固執的人大量收購並囤積居奇之後，我會將市場狀況稱為「超賣」市場；如果情況相反，大量證券掌握在猶豫的人手中，人們甚至借錢去買，我認為，那樣的市場就是「超買」市場。

125 「超買」市場有哪些結果？

一個充滿借錢買股的超買市場是很危險的，甚至存在著隨時崩潰的風險，隨時可能毫無緣由地爆發。這就是典型的「擠奶工市場」；意思是說，一群情緒不穩定又毫無經驗的股民，受到周圍情緒感染，快速踏上了賺錢的快車。很顯然，他們除了經驗不足、沒耐心之外，財力似乎也負擔不起。他們也有可能是挪用別種目的的錢，更不用說是借錢到股市裡來一顯身手。

126 那麼，「超賣」市場又是什麼？

當大量的股票鎖在固執的人的保險櫃裡睡大覺，即使壞消息不斷傳出，超賣市場開始走俏。然後，隨便一個好消息，哪怕很小很小，也會在市場上如焰火般大放異彩，股票被人們握在手中的時間愈長，爆發得就愈猛烈。

還有一個因素能為超賣市場推波助瀾，那就是，當市場上做空的人特別活躍，在此之前，就已經出現了大量空單。

在德國的股票市場裡，從技術的角度是不可能出現做空投機的，但在紐約、倫敦、蘇黎世，特別是在巴黎，做空隨處可見。在巴黎有一個月底算帳的「例行交割市場」，並且可以逐月延長。在美國則有一個龐大又活躍的期貨市場，僅針對某些政府公債，當然還有商品期貨市場。

127 該如何判定現在是「超買」市場，還是「超賣」市場？

有一些前提和徵兆。人們必須考慮近幾個月或者近幾年的成交量狀況。當股價在一段較長時間，比如說幾個月以來，一路攀升，成交量不斷擴大，那麼就可以假設，有大量股票從固執的人手中轉到猶豫的人手中；成交量愈大，說明他們拋出的愈多。因為，固執的人只會在低價位時買股票，並鎖進保險櫃裡不賣，在行情上漲的時候才賣出。這個行動會持續到大量的股票換到猶豫的人手中，他們在等其他猶豫的人來買自己手中的股票——可惜已經沒有了。他們想賣高一點的價格，但倘若不能如願，他們也會因為心理或者技術因素低價拋出，有時只是沒有了等待的耐心，等不到下一批猶豫的人出現。這種情況總是會有的，因為狂熱之後就是幻滅了。

當然，遲來的新買家可能會出現，特別是當政府在央行的幫助下，透過各種管道（利率、稅收政策等）將產業和經濟發展暫時不用的資金積聚到大眾面前的時候。大浴缸裡的水自然就流進了小浴缸。同時，一些金融機構為了鼓動更多人加入炒股大軍，還要廣為宣傳。這些股票在銀行櫃台向大眾積極推薦，並提供方便、優惠的貸款；特別是銀行沒有更好的方式運用流動性。於是，一些新的猶豫的人買了股票，然後，就是等待，等待下一批猶豫的人到來。遺憾的是，股市行情停滯不前，或是下跌了。許多股東失去了耐心。對於他們來說是不愉快的意外。當初，他們決定買入的時候得到了鋼鐵般的允諾，說行情肯定還會再漲上去。股市疲軟，甚至回落，人們會覺得受到愚弄，甚至是被背叛。大眾創造股市的榮景，其中九〇%的人沒有受過訓練、沒打過預防損失的疫苗，他們甚至一次都沒想過，儘管有媒體的消息和所謂業內人士的看法，股市行情還是下滑，再下滑。這就是對「超賣」市場的分析結果。

128 不過，如果由於某一突發利多事件，大眾仍保持樂觀態度的話呢？

在這種情況下，也有更重要的技術因素會影響股市趨勢。隨著股市下跌，保證金可能也沒了。雖然，銀行的貸款條件寬鬆，但股價下跌之後，它們仍然會要求補繳保證金。許多貸款買股的客戶必須存入保證金，不然就得賣掉股票。拋售造成了股價繼續下跌，繼續下跌的股價又導致更多人拋售股票，惡性循環下去。所以，即使沒有客觀的原因，單單是迫於心理作用和技術壓力，股市仍可以自顧自地一路滑落下去。

有個信號可能來自中央銀行，央行想給過熱的投機氣氛降一降溫，或是防止通貨膨脹的風險，央行會升息。在這種情況下，下跌行情可能急遽探底。

大眾的心理相互影響是很危險的，就像我舉的電影院的例子一樣。如果股價繼續下跌，成交量繼續擴增，那麼，更多的股票從猶豫的人手中跑到固執的人手中。最後，猶豫的人在最低價位時全部拋出。恐慌來臨。股票又被鎖進固執的人的保險箱。只有當股價逐漸抬頭，股票才會從保險箱裡放出來，流向交易市場，價格再次步步上揚。

當股價位在最低點時，固執的人有股票，猶豫的人有錢；漲到最高點時，固執的人有錢，猶豫的人有股票。現金和股票不停地來來回回，也就形成了股票市場的週期循環。我可以這麼說，當股票漲到最高點時，固執的人得到的是錢，猶豫的人懷的是希望。

129

人們可以從這個分析中得到哪些結論？

我堅信，成交量小的時候的股價回落是個糟糕的信號，因為，這預示著股價會繼續下跌。成交量大的時候的回落是個可喜的苗頭，當時的成交量愈大，愈表示股票大量地流向固執的人手中。如果成交量很大，而股價開始上揚，就不是一個好的信號，因為，猶豫的人進場買股票了，其成交量愈大，對市場的負面影響就愈強，因為，猶豫的人參與的愈多，情況愈糟糕。當股價上揚時，這檔股票的成交量愈小，情況愈樂觀，因為，股價在漲，但是被固執的人鎖在保險箱裡的大量股票還沒登場。我知道，大多數的專業人士、分析師、經紀人等都不怎麼注意小額成交量。我認為這是錯的。小額成交量只是開始，當成交量增大時，市場趨勢就會明朗起來。當價格上漲，成交量增加帶來亢奮的情緒；當價格下跌，會先崩盤，然後是大清倉。這是合邏輯的，因為隨著股市的不斷上揚，許多買家被不明原因搞得改變了方向，突然間轉身成為賣家。因為今天的買家會成為明日的賣家，分析一下今日買家的品質比分析股票更重要。反過來，了解賣家的品質也比了解他們所賣的股票更重要。當股票被掌握在品質較差的人的手中，再好的股票也會跌。

130 這是普遍的意見嗎？

不，其他人的觀點恰恰相反。大多數的經紀人、銀行和新聞媒體都聲稱，在成交量很大的時候，股價上漲是好事。他們的一個證明就是：看！大家都在買進。我倒要提出一個問題：這樣好嗎？不！像我已經闡述過的，就是這群股民，今天發了瘋地買進，過不了多久，又會發了瘋地賣出。而大眾最終很少是正確的。

131 交易所裡的經紀人如何看待您的分析？

我不知道，但我覺得他們極有可能認為我是在信口開河。當然，對於股票經紀人來說，他們願意看到不斷上漲的價格吸引愈來愈多的客戶。這對他們來說很有利，間接來說，對我也很好，因為這些買家把我的股票拉到高點。但這並不是說我就應該繼續在這個最高點買進，因為，我已經在低點的時候買了。股價漲得如此之高，交易量不斷增加，我也很高興，因為我還想再賣出去。股價的高點是由眾多股民大量購買給抬起來的。眾多股民今日的興趣並不表示什麼，因為，就像我曾說到的，他們的心態會在一秒之內就來個一百八十度大轉彎。

當我在股票市場上正式開始我的職業生涯時，曾和紐約交易所的一個經紀人有過下面這段對話：「不得了！」他說，「我們今天的成交量是一千八百萬。」「我問的不是成交量，而是股市行情。」我說。「原來如此。」他回答，「股市成交量大，這對我來說是不得了的事。」我早就知道，雖然我跟經紀人操同樣的職業，卻少有共同的想法。

132

還有其他現象可以用來判斷市場是「超買」還是「超賣」嗎？

有！如果市場在長期上漲之後，出現疲軟態勢，在等待新的買家，對好消息也毫無反應，甚至還有些回落，這是非常壞的信號，表示市場過於飽和。猶豫的人已經投進了所有的錢，甚至借錢買了；而新的買家還沒有隨著好的消息挺進。反之，如果在長期下跌之後，跌勢停滯了，對壞消息也不再有任何反應，甚至還有了那麼一點點抬頭的意思，這就是非常好的信號。股票握在那些固執的人手中，他們早已料到可能出現的壞消息，無論世事如何變化，他們都處變不驚。

133 那投機者在這樣的情況下該如何操作？

當股市對一則好消息無動於衷的時候，就退場；當股市對一則壞消息沒有反應的時候，就進場。

對於股票市場來說一個特別糟的現象是，愈來愈多的人，尤其是小股民，圍著股市裡七嘴八舌的消息轉。一些人道聽塗說，散播著一些他的朋友從別人那兒得來又轉告給他的小道消息，深受蠱惑的每個人用所能借到的錢買了股票。還有一件糟糕的事情，就是把外資買進解釋成股市看好，我知道「外資買進」或者「外國機購買進」這條古老的神奇公式。

134 您是說這樣不好嗎？

在當時人們買進的那一刻，情況當然是好啊，因為他們推高了股價。但是當他們再拋出股票時，情況就一樣糟糕。因為買入時出現「瓶頸效應」，賣出時也會出現「瓶頸效應」。一切都取決於國外買家有什麼樣的品質，有什麼優點和缺點。他們那些人中同樣也有猶豫的人，不管股市是漲還是落，股票都在手裡攥不了幾天；同樣也有固執的人，股市不漲到或者跌到他們所設想的那個點，就一直不出手。有些外國機構的人操作的甚至比國內的人更短期，稍有風吹草動就買進或者拋出。大多數外資，甚至是投資基金，常常短進短出。他們不放過一個小小的機會，跳進國外的市場；在一旦已經獲利或者預感到一點危險的時候，就馬上跳出。所有的人都想馬上購入，或者立刻拋出。這一現象在德國的股票市場可以很清楚看到。

牛市與熊市的週期

135

股市漲跌的週期是如何發展？

股市週期是依下列情況而運行發展的：行情處於低位，股市行情會在前一段時間的不斷攀升之時滑落下來，跌得很深。流動性耗光了，市場上沒有足夠的資金用以買入新的股票（前面所談到的大浴缸的水位很低）。在投資者之間還籠罩著一種悲觀情緒，他們對經濟的發展和企業獲利持消極態度。行情下跌時，股票由猶豫的人手中轉到固執的人的手中。如果行情沒有因為進一步的壞消息而下跌，那就表明，猶豫的人已經拋空了手中的股票。固執的人現在手中掌握股票，心中已想到了所有影響股市的負面事件，以及還有可能出現更多的壞消息。股票市場可能在這個低位階穩定停留一段時間，也許會有小幅度的波動，但無關大局。也有可能出現關於企業獲利和股利下降的報導，因為固執的人已經預料到了，它們的出現不再有任何影響力。

經過上一段時間之後，可能又會出現一些企業獲利和股利的相關報導，企業獲利不像人們想像的那麼差，央行開始降息，為的是拉動經濟成長，為股市輸入氧氣。

隨著降息，市場上流動性增加，股利與資金市場利率之間的關係更利於股票行情的發展，於是，出現了第一批投機者、最固執的人、購入股票的先驅者，價格當然已經回升，否則股票也不會從他們手中流出。

剛開始買入時肯定是數量小、速度慢，當然隨著價格的不斷回升，籠罩在股市上空的悲觀情緒散去，就會愈買愈多，吸引來更多新的感興趣的人，股市行情逐漸好轉，出現連鎖反應：悲觀情緒減少——新的購買——價格上升——樂觀情緒——價格持續上升等等，上升週期的第一階段就是這麼開始邁出去的。

這也是由於嚴重的悲觀情緒導致股價下跌到低於合理水準，鑑於股價較低，投資報酬率也就更高，股市於是就會因應調整，不是股利降低，就是股價開始上揚，因為經濟形勢畢竟是好轉，而不是更糟，價格開始上升。在第一階段，價格上升到了一個比以前更切實的水準，我把這一時期稱為修正的第一階段。

因為利率下降，經濟也受到刺激；而現在，在這個階段，就會出現獲利慢慢好轉的消息。股市行情也會緊隨樂觀的經濟情勢緩慢上漲，伴隨以下事件：利率下降，利潤增大，情緒因此而好了許多。我稱之為相隨階段。股市伴隨經濟的整體發展，吸引愈來愈多感興趣的人，更多投機者、股民湧入市場。利率的下降和企業獲利的上升激發更多樂觀的情緒。於是，上升週期從第二階段進入了第三階段。買家愈來愈多，他們的加入又把股市推向更高點。人們似乎再也看不到、感受不到還有危機出現。股市完全被樂觀情緒所籠罩。許多人如飛蛾撲火般地湧入市場，行情上揚之勢一波接一波。我管這個階段叫作過熱階段。

大樹不會長到天上去，所有猶豫的人手裡的錢都用來認購股票，手中沒錢的時候，就會貸款來買股票，由於銀行的流動性特別大，能為借貸的人提供極好的服務和有利的條件。這更激發了新的買氣，更多新的買進又使行情升溫。另外，銀行方面也願意大量銷售他們持有的股票。情況看起來是這樣：固執的人把他們手中的股票拋出去，轉到了猶豫的人那裡去了。因為有了這樣一個群情激昂的牛市，可能會引發通貨膨脹，央行就謹慎了起來，調高銀行利率，為的是耗盡流動性。股票持有者還在等待著新的買家用更高的價格買進。但是，央行的貨幣政策變了，沒有新鮮的空氣源源不絕的注入，即使有令人信服的好消息傳出（比如獲利增加、股利增加），價格也不漲了。

有些投機者可以在更高的價位出售；但是，他們想離場了，所以可能會賣出去一些，開始的時候，動作小，數量少，可每一次都給股市帶來負面影響，因為買家也買得少了，這是下降週期的第一階段。修正期之中慢慢就會傳出一些經濟發展的壞消息（獲利減少、股利減少），這會導致股市的進一步下滑，這是第二階段的「相隨階段」。下滑的股市和不利的消息讓人恐慌，連鎖反應開始，只是方向相反：價格下跌——造成恐懼——大量賣出——價格愈跌愈低，最後恐慌導致全面拋售，這是下降週期的第三階段，也就是過熱階段，因為在大眾心理壓力下，價格跌得比實際應有的還要低。結論：猶豫的人愈賣愈低，固執的人就開始買入。

一個投機者愈技巧純熟，愈可能逆週期而行。在下降週期的第三階段他就開始買入，有的人甚至是在上升階段的第一階段就買了，然後他會順著趨勢，只有在漲勢過熱時才賣。

人們必須預料到，上升週期的第三階段最終會是崩盤。對於投機者來說，最大的危險是他們擔心賣股票的決定做錯了。他們很心疼，因為每天都在計算著損失的利潤。於是，他們又闖入股市，許多已經賣掉股票的人再次入市時，情況就會急轉直下。像一條股市上的老道理：當那些最頑固的空頭突然變得樂觀，就是離場的信號了，情況反過來也一樣，當那些熱情的樂觀主義者變得悲觀時，就是進場的信號。

分析完這三個階段以後，股市的週期運行方式就一目了然了，結果是，我們應該在三分之二的時間逆勢操作，三分之一的時間順勢操作。

把握這個週期可是相當難的，需要嚴格的紀律。九〇％股民都有同樣想法，所以保持世人皆醉我獨醒的頭腦很不容易。當其他所有人都悲慟欲絕的時候，能再當個樂觀主義者也是很難；當所有的人都興高采烈得快要飛上天的時候，自己一個人悲觀也很不容易辦到。

因此，取得成功的關鍵就是敢於反週期而行。當然，不能時時、事事如此，因為，就像前面提到過的，三分之一的時候應該順勢而行，股市行情上漲的時候，讓自己隨波逐流，不要那麼快賣掉，行情下跌的時候，等待一下，不要急於入場，等到最低點。當然，這些階段，整個週期要運行多長時間不是固定的，這要看之前超買或超賣的程度，要看當時大眾股民的心理以及其他許許多多不可預測的因素。股市不僅與經濟不是並行

股票市場的永恆週期循環

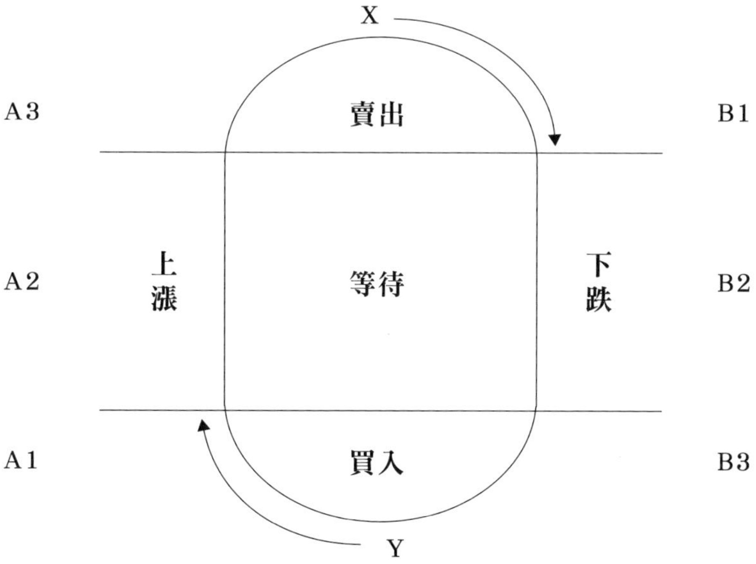

A1：修正階段（成交量小，持股人數少）
A2：相隨階段（成交量和持股人數多）
A3：過熱階段（成交量異常活躍，持股人數多，在X點達到最高）
B1：修正階段（成交量小，持股人數開始下降）
B2：相隨階段（成交量處於相對較高水準，但持股人數繼續降低）
B3：過熱階段（成交量很大，持股人數很低，在Y點達到最低）

在A1和B3階段買入。
在A2階段等待和保留手中證券。
在A3和B1階段賣出。
在B2階段等待和保留兜裡的錢

的（有時甚至會背道而馳），有時經濟的發展趨勢也無法長期預測。比如說，我們今天認為明年會有經濟榮景，那麼，今天就應該做好準備。

如果電腦能絕對確定一支股票明年會漲到一百，那它今天就該升到九十九了。

136

那就是說，我們必須常常逆勢操作了？

不一定。我們可以不必總是逆勢操作。剛開始必須逆勢操作，然後，順勢而行，最後還是要逆勢操作。我們順勢而行的期間，相對來說短些，只相當於整個運行過程的三分之一左右。

137

我們如何估算這個週期的長短？

沒有什麼科學的方法能算計出一個階段用多長時間就能轉換到另一個階段，也不太可能是按日曆計算出什麼時候會出現轉折點。一次股市上升週期可以用上幾年時間，也可以是幾個月。這種估算必須依照自己的經驗，根據當時的股市氣氛來判斷。我必須再次強調一下，股市趨勢預測不是什麼科學，而是藝術。如果誰想用科學方法預測股價或者趨勢的話，那這個人不是騙子，就是個傻瓜，或者說兩者都是。

138 如何估算一個股票交易所裡有多少股民？

關於各國股民的絕對人數，或多或少都有精確的統計資料。參與股市投機的人數，包括那些短期炒股的股東，只能根據股市的趨勢來估算。在上漲週期的過程中，股民的總人數會穩步上升，並在狂熱期達到頂峰。此時，許多小股東手中的股票最為分散。當然，這對行情進一步發展非常不利，因為這些股東大都是未經訓練、沉不住氣的新手，屬於「猶豫的人」，他們遇到上漲週期第三階段的第一波反轉就大感恐慌。與此同時，第三階段的最後一波還在震盪，但市場可能隨時爆炸且極度危險。

但在下跌週期的過程中，參與人數卻愈來愈少，到了最低點就只剩下一小部分的固執的人掌握大量集中的股票。

投機者語錄之四

- 如果我預測了一年的股市走勢，其他人就會一整年都認為我是個瘋子。
- 一味做多的傻瓜能承受股市下跌的損失，卻無法承受股市上漲而錯過的獲利。
- 沒有自己想法的人不該被允許去股市。
- 沒有思想、沒有論據，或者說連動機都沒有的投機者，就像輪盤賭玩家。充其量只能算是一個賭徒。
- 我們不該只是因為其他人買了很多股票，就覺得他們比別人知道得多或消息更靈通。其實，買股票的理由是各不相同。由此而得出什麼結論也是不可能。
- 經濟其實靠學是學不來的，人們只能親身經歷才能感悟其真諦。
- 口袋裡有點零錢，同時心裡想著在低價的時候進入股市，這真是一種樂趣。就像餓了的時候去餐廳吃飯一樣。
- 一個糟糕卻是真實的消息，要比一個聽起來很好卻是錯誤的消息更有用；因為前者會讓我知道自己的立場，而後者只能使我誤入歧途。
- 對於尚未決定的投資者來說，價格要麼已經太高，要麼仍然太高；要麼進入為時已晚，要麼仍然為時過早。

- 股民的思想永遠不可能一成不變，同一支股票，同樣的價格，有時候覺得太高，有時候又覺得太低，從來都不是基於客觀的思考。是高還是低取決於很多因素，比如說是不是睡了個好覺，是不是正在忍受某種疾病的折磨，是不是正在緊張等等。所有這些原因和股市都沒關係，因此，大多數股民都無法做到客觀。
- 買股票的時候需要的是想像力，賣股票的時候需要的是智慧。
- 一般是在晚上有想法，早晨持批評觀點，中午做出決定。
- 股市被稱作是金融市場，其實就像是劇場一樣，每天上演的都是同一齣戲劇，卻掛上不同的劇名。
- 政府必須詭計多端，才能不用暴力就維持金融秩序。
- 經濟專家是閉著眼睛戰鬥的古羅馬鬥士。
- 在生意場上公布真相，甚至建議有益的事，都是毫無意義的。這是為自己樹敵的最好方法。
- 伏爾泰說過：「任何壞事都可能帶來好的結果。」這句話用在股票交易上再恰當不過了。

- 今天所發生的事，對於股價表現來說沒有什麼重要性可言，重要的是明天和後天會發生什麼事；因為今天發生的事情已經體現在價格中了。
- 股民不該是照章辦事的人，而應該是想像力豐富、頭腦靈活的人。
- 我鄙視股市的寄生蟲，鄙視那些每天買了又賣、賣了又買的小玩家，但我承認，沒有他們，股市就不成其為股市，沒了股市，資本主義制度就不可能存在。最好的例子是：法國社會主義—共產主義政府竭盡全力讓股市保持樂觀情緒。
- 只有那些即使沒錢也會受我尊敬的百萬富翁，能讓我留下深刻印象。
- 大眾媒體眼睜睜地看著大眾被愚弄，其實是要負連帶責任的。
- 多數擁有賺大錢特質的人，卻不具備享受金錢的特質。
- 在股票市場上，在突發的負面事件面前，我們都心懷恐懼，然而在它發生幾個小時後我們就會釋然。這就是著名的「既成事實」現象。
- 在股票交易中，我們的直覺常常告訴我們該做什麼，而我們的頭腦則告訴我們該避免什麼。
- 在股票市場上，有時候模稜兩可的建議倒要比明確的說法更好。
- 人們真的要在一段時間之後，才懂得學過的東西（我想到我的講座）。

• 不管是在大股票交易所還是在小股票交易所，股民對股市的反應其實總是一樣，因為一個小股民和一個叱咤風雲的經理人，人性的反應幾乎沒有什麼不同。

第5篇

推動股市的力量

機構的力量

139

那些投資機構、大型投資公司、退休基金（特別是在美國）和保險公司呢？難道股市的風景不是由大機構主導市場而徹底改變，而不再是大投機家、短線的玩家和大大小小的儲戶？

風景雖然改變了，但是風景中所有其他的東西，像樹木、植被、鮮花或蕁麻等依然如故。那些投資機構是大量資金積聚中心，也是由人來管理的。這些資金管理者也是普通人，和那些小儲戶和大投機家一樣。他們也會受大環境的左右，也分成固執和猶豫兩類。他們的心態也和其他上百萬的市場參與者一樣不可捉摸。唯一的區別在於，他們操縱的是數十億美元的資金，而小股民弄來弄去的只是些小訂單。但是，這些資金管理者或許往往更加猶豫，因為他們還有頂頭上司，他們的交易要對上司負責，有了風險要靠他們的腦袋扛著。如果他們遭受重大損失就會被解雇，而作為一個小股東，只需對自己負責就夠了。

140 有些投機者對我們來說是不是威脅？或者我們應該順勢從他們的高風險交易中獲利？

無章可循。大的投機家，更確切地說是金融家，會透過股票的交易來併購或拆分某家大型企業。他們在證券交易所購買一家公司的多數股權，即獲取控制權，或賣股票將公司分離出來。熟練的股票族通常可以從這些金融交易引起的價格波動中獲利。但這也需要格外的謹慎。金融集團通常計畫收購一家公司的大部分股權，而在證券交易所大買其股票，導致股票行情上升至最高點；但如果不成功，該集團會賣掉已購買、尚不足以控制股權的股票。然後這支飆升的股票價格就垂直跌至谷底。這個上下波動對於無辜的旁觀者來說，是完全無法理解的。

141 這種操縱好像在歷史一再重現。

自從股市出現，直到現在，類似的操縱就一直存在，從來都是如此，並一直繼續下去。這些金融家不是什麼慈善家，要不然，在美國，人們就不會叫所謂的「銀行家」為「黑幫」了。

142 一個企業是如何透過增資來欺騙投資人？

情況各異。財務報表並非永遠都是百分之百的誠實，就像有人說過的，這些報表至少經過修飾，絕不可全信。當然也不能太離譜。當企業想透過股市而增加資本時，他們會操縱股價，使新股被大眾接受，這樣的操作很常見。

政府的力量

143 在美國，政府會干預股市嗎？

在美國，政府肯定不會把自己攪到股市裡去。某些團體為了本身的利益或許會站出來支持股價，這種做法也可以說很常見；如果事態發展影響到自身利益，它們會加大操控的力度。稍早我解釋過他們如何進行這樣的操作。（參見一八一頁）雖然說起來是這樣，但我相信，美國總統每天都要了解股票市場的情況，並且非常重視股市走勢。

144 美國的投機者關注美國總統大選嗎？

我不想把股市預測同總統大選預測混在一起。我經歷過太多次選舉，所以不會預測。而且即使我提前知道選舉結果，也無法猜測投資大眾的心理反應會是什麼。面對政治，一切都有可能導致最有利、甚至是最戲劇性的意外。我甚至不敢相信民調，因為看過符合民調的結果，也看過完全錯誤的。五十二年來，我一直在關注美國大選，甚至為此押過注呢。一九三二年，你可以透過華爾街股票經紀人正式押注選舉，要是羅斯福擊敗胡佛當選總統，我必須上繳公司五千美金（在當時可是一筆很大的數目）才能贏上一千美金。他的當選似乎最有可能是因為胡佛危機——當時美國史上最嚴重的經濟危機。一九三六年，由於羅斯福拯救美國以及美國的資本主義經濟於危難之中，因此羅斯福勝算更高，押羅斯福當選總統的賭注籌碼是十比一。但後來到了一九四〇年，有一群人害怕羅斯福會將美國捲入戰爭之中（事實上他們是對的），於是他們形成一股勢力，聯合反對羅斯福總統。包含仇英的愛爾蘭人，親納粹分子，堅定的反猶太主義者、包括華爾街在內的大資本家以及許多保守派，而且羅斯福已經是第三度競選（自華盛頓以來，每個人就只競選兩次），由於這一集團勢力強大，羅斯福總統的機會自然是比以前大大減少了許多。我認為他的勝算只有二比一。不管怎樣，他還是當選了。一九四四年他又第四次連任，因為美國在戰爭中不想換總統。我是支持羅斯福總統連選連任的，因此，每次都賭羅斯福。

精於在總統競選時下賭注的專業人士斷言，押注在最後幾週最受歡迎的人都會安全上壘，因為普遍共識已經非常明確，不會再有什麼驚喜出現。幸運的是，一九四八年大選的時候我不在美國，當時選舉的狀況是支持杜威當選的人多，支持杜魯門當選的人極少，比例懸殊，二十五比一。杜威當選是肯定的了，雖然比例有誇張，似乎沒人再對競選結果有其他預想。我當然也賭杜威。結果輸得精光，因為不僅是股市出現了人們意想不到的事，政局上的結果也是一樣令人瞠目結舌，難以相信，杜魯門競選成功了。

艾森豪是第二次世界大戰的英雄。勝選對他來說是輕而易舉。

約翰・甘迺迪在一場電視辯論中擊敗了尼克森，他年輕有為、瀟灑英俊、才華洋溢，而尼克森似乎很緊張。

詹森有個非常弱的對手，不受歡迎的極右派高華德。

尼克森後來獲勝，但對手是美國歷史上最弱的候選人、極左派麥高文。尼克森也是艾森豪的得意門生。

卡特的崛起歸功於他的清教徒信仰，也是尼克森水門事件的受益者。花生農夫卡特在人們印象裡軟弱、優柔寡斷，人們覺得他是傻瓜（其實不然）。雷根於一九八〇年力挫對手卡特入主白宮。

雷根是個鐵腕人物、愛國者，彌補了許多美國民眾受到的屈辱，例如德黑蘭人質危機。老牛仔能夠用他的套索牢牢掌控美國經濟、通貨膨脹和就業市場。

這些總統來來去去，但是只有那位山姆大叔留下來。很幸運的是，世界政策不是由德國，而是由華盛頓來決定。

145 德國的情況如何？

像法國一樣，只是這裡插手干預的不是國家和國有銀行，而是那些主要的民營銀行和金融機構，他們的自身利益與股市發展密切相關，都參與其間，控制、掌握著股市不受大的侵擾，保持著股市的良好發展狀態。

在德國、法國和其他一些國家，股票操作可以這樣控制，但在美國就做不到，因為美國的市場太大了。股市愈小，愈容易操縱。這就像賽馬一樣：賽馬冠軍的獎金愈高，操縱或賄賂賽馬騎師將冠軍拱手讓人的風險愈小，因為冠軍獎金太誘人了。如果冠軍獎金小到微不足道，操縱行為就會經常發生，因為賭一把的收益可能超過理性的投資。

比如說，近年來，德國的銀行對重振股市且保持股市運作良好很有興趣。這首先是因為，銀行持有大量的股票，他們想在合適的時候再拋售出去；再者是為了促進增資，只有在行情好的時候，股民才有興趣認購新股；第三，為了能讓股民購買新上市公司股票。這一切都需要股票市場有極為有利的氣氛。對上市公司的增資感興趣，也的確有利於經濟發展。

146 人們該如何評價政治對股票市場的影響？

人們必須清楚其作用的巨大，特別是在歐洲，因為，在歐洲，保守黨和左派政府關於經濟和信貸政策的差異要比美國大得多。政治上的左傾和右傾的觀點直接影響到投資者和企業的心理傾向和未來趨勢。但是，人們也不該抱著一成不變的態度，因為，就像已經談過的，心理反應是不可預測的。一個政府要應對通貨膨脹或是通貨緊縮，動用財政政策或者貨幣政策，每一個重大決定都基於議會的意識形態立場。

在美國，總統選舉對股市來說沒有如此這般的作用。美國總統的選舉也是四年一次，但是，是共和黨當選、還是民主黨當選，對於美國的企業家來說幾乎一樣，因為這兩個黨派都堅定地信奉自由的資本主義，對他們來說，更重要的是當選總統的這個人個性如何，而不是他屬於哪個黨派。羅斯福和杜魯門兩個人都是民主黨，像後來的共和黨雷根總統一樣深得民眾信任。相反，民主黨的卡特和共和黨的尼克森、福特沒有在民眾中得到如此的信任，所以說，他們不是成功的總統。
對於歐洲人來說，每四、五年一次的大選就要擔心結果會是如何，每一次人們都是戰戰兢兢的。

147 一個政府的稅收政策會對資金市場——股市有哪些影響？

稅收政策應該是有些影響力的。但和貨幣政策不同。它不能作為短期工具，因為需要議會批准。儘管議會就稅收政策反覆辯論——在所有國家，政府和反對黨之間都存在分歧——但通貨膨脹仍可能繼續。如果透過普遍增稅（即吸走購買力）來抑制通貨膨脹，那麼股市將不會受到任何影響。另一方面，政府即央行可以隨時干預貨幣政策，透過提高利率和降低貨幣供給量來對抗通貨膨脹。在這種情況下，股市的反應非常快，不久，或者說馬上，股市就開始下跌。我想用下面的例子來解釋這個現象：一輛汽車滾下斜坡，需要煞車。有兩種選擇：第一種是換檔減速——這對應於我們案例中的稅收政策。引擎，就是經濟，會自己慢下來。第二種是踩煞車（在我們的例子中對應於信貸政策），引擎會馬上停下來，如果你提高利率，股市也會停下來。

148 這麼說來，通貨膨脹是股市的賣空時機嘍？

不是的，不是通貨膨脹，而是對抗通貨膨脹的手段，如果是透過利率政策進行的話，主要是透過股市下跌來對抗通貨膨脹。

149 還有哪些其他辦法能控制通貨膨脹？

我想除了心理因素外，沒什麼其他更好的辦法了。這就是一種信任，是民眾對政府的信任。

150 那麼，引起通貨膨脹的原因究竟是什麼？

原因很多。比如說，市場上需求大於供給時，物價就會升高；當工人對薪水的要求不斷提高時，商品的成本也增加，價格就會升高。這樣發展下去是危險的，因為，物價提高會導致工人工資的再提高，人們稱之為工資—物價螺旋上升。要阻止這種情況，必須有個非常強有力的政府執政，因為民主政府往往傾向討好選民，不願意推出不受歡迎的法律規範，沒有這些法律條文，就無法阻止這種螺旋式上升。

然而，通貨膨脹最危險的因素是通貨膨脹的預期。這種心理又會加速這種工資—物價螺旋上升的連鎖反應。由於上述根本原因，物價開始上漲，民眾變得緊張，特別是曾經歷過通膨的國家，因為預期會進一步通膨而投機，將物價推得更高，這更加劇了通貨膨脹的速度，也使得民眾對政府的信任度下降。

上一波主要的通貨膨脹是由於油價被人為操縱到不適當的水準而造成的成本膨脹，其他能源價格也隨之上漲。

151

利率政策與股價的命運密切相關嗎？

當然了。而且關係甚密。舊維也納的投機者說：「每個股票經紀人都喜歡美女和低利率。」這並非毫無道理。股票最大的競爭對手是長期債券。如果利率特別有吸引力的話，那些大型投資機構——退休基金、保險公司、基金會、退休金公司等等——就會買債券而不是股票，特別是在貨幣相對穩定期，更容易出現這種情況。相反的，如果債券的利率較低，這些機構就會寧願去買股票，因為可以期待領到比較多股利。更重要的是，低利率刺激了經濟、提高了公司利潤。當然，股票和債券之間的這種機制只有在沒有通貨膨脹的時期才是如此。那麼央行就可以降息。

在通貨膨脹的時期，會出現兩種可能性；央行出面干預，為了抑制通貨膨脹而升息，導致債券價格下跌、殖利率上升，與股票競爭。利率提高也使市場上的貨幣回籠銀行，用以投資股票的貨幣也就隨之減少，與之相反，假設央行不干預、不升息，那麼由通貨膨脹所造成的不斷增加的貨幣將流向股市。一句話：在通貨膨脹的時候，股市常常下跌，其原因不在於通貨膨脹，而是因為對抗通貨膨脹的措施，亦即更高的利率，更嚴格的信貸限制。

152
我們能自動計算出利率和股市趨勢之間的關係嗎？

貸款價格（即利率）是經濟發展最重要的因素，當然對股市也是如此。怪不得短線股民日日盯著利率的每個變化，就像兔子盯著蛇出洞一樣。有些好笑的是，他們不願意仔細分析一下利率的進一步發展情況，以及影響利率的因素，而是著迷的看著每週公布的貨幣供給量。前一段時間甚至還有經紀人和他們的夥計每週四在紐約的聯準會門前大排長龍，因為在下午四點十五分會發布一些最新的數字。

貨幣供給量比預計的上升的話，利率就馬上上漲，債券價格就會下跌，因為那些看著貨幣供給量辦事的人預計央行會有相反的作為。有些公司會提前幾個小時就派人到聯準會去等著，怕的是萬一有些什麼消息提前發布。如果隨後有數十億美元轉進金融期貨市場（遠期政府公債），對於一個大投機家來說，一分鐘的領先就有可能意味著幾百萬美元的價值。感覺就是這樣，投機者不僅在貨幣供給量上投機，還要投機其他交易者如何押注貨幣供應量多少。所以是投機的平方。他們還下注幾千美元，看誰預測得準。

聯準會主席沃克（Paul Volcker）出來說，他是要利用貨幣供給量作為對付通貨膨脹的武器，他的話一出口，股市情緒就開始歇斯底里。事實上，沃克的影響力當然大。人們常常說他是美國第二大有權有勢的人物。一點也沒錯。

美國和德國的銀行至少可以「任意決定」短期利率。他們可以買入或者賣出國庫券，向市場注入或者抽走資金。這當然對股市也有影響。因為流動性扮演著至關重要的角色，因此股民和投機者極為關注聯邦公開市場委員會（FOMC）的決定，該委員會由最重要的各州央行主席組成並設定議程。很多人認為在議事廳裡有藏竊聽器，以便從他們的辯論中找出應該採取貨幣緊縮或是貨幣寬鬆政策。但因為根本就沒有竊聽器，所以在聯準會工作的最無關緊要的小人物，哪怕是警衛，都顯得重要起來。人們關注所有的八卦，甚至想從與會人員的表情來猜測出一點什麼資訊來。我覺得這樣的舉動是徒勞無功。

在德國也是如此，大量的股民和投機者打電話給股票經紀人，以了解最新的貨幣供應量數字，弄到手的數字持續時間也不長，因為一個星期後又會有新的數字。在我眼裡，這種貨幣投機曾經是（而且仍然是）智力不足的標誌，一半的專家預言會升息，一半的人說會降息。

有些人根據貨幣供應量拋售股票，因為，他們預期利率就會上升。但另一方面，股市沒有大量的資金做基礎，是不可能上漲的。利率決定著債券價格和隨後的股價走勢，不一定會與短期利率的漲落相一致，因為，長期利率不像短期利率那樣由聯準會決定，而是取決於人們對債務人、對貨幣、對金融政策的信任。連聯準會主席沃克自己也不知道，他的觀點在三個月後會如何變化，再說了，他也要盡量不表露出來。

他一直高深莫測。或許他想保持巨大的貨幣供給量和較低的利率，以刺激經濟；或許他還想提高利率，因為可以避免通貨膨脹。他的決定（儘管可能性不大）裡還包含著政治動機。他在和投機者玩著貓捉老鼠的遊戲。有時候他說的是真正的意思，有時候他又說得正相反。正像一個經典笑話說的：兩個競爭激烈的推銷員出差，在同一節火車廂相遇，一個人問道：「你去哪兒啊？」另一個回答說：「去A城市。」「你撒謊！」第一個人反擊說，「你說A城市，為的是讓我以為你真正想去的是B城市，但是我知道，你要去A城市，所以我說，你是個騙子！」

153 常常被提到的經濟崩潰或是貨幣改革，是不是也沒有什麼好擔心的？

坦白說，這個問題很難回答。因為現在是紙上談兵，其真正的含義我現在還不能透徹理解。就我本人來說，我其實更願意或者說是更想知道人們是如何理解崩潰和貨幣改革。說起來可能就不再是兩個詞，而是十個字，意義就更多了。

一、經濟崩潰（德語crash）：這個詞來自德語，因為它的聲學特性，已被所有語言所採用。當一個漂亮的水晶花瓶突然掉到石頭地板上時，花瓶破碎（crash）了。這就產生了三重響聲：花瓶撞到堅硬的地板時發出撞擊聲、碎片飛散的響聲，管家的叫聲。重要的是，聲音來得突然，出乎意料。那些曾經預言過崩潰的人也想到過這三重連鎖反應嗎？大概會是這樣一些現象：

A有壞帳的銀行正在打壞帳，這意味著必須關閉銀行櫃台。

B因為經濟危機，貨幣的購買力降低了。

C經濟隨之全面崩潰，工廠倒閉，失業率上升。

事實上，人們認為所有銀行都在倒閉，銀行金庫因壞帳而空空如也。或者換句話說，中央銀行正在加印必要的鈔票，但速度永遠不夠快，因為大眾會立即領出這數十億的鈔票，而這些鈔票面額是天文數字，卻一文不值（一九二三年的德國就是如此）。

結論：根據恐慌預言家的說法，只有兩種可能性：崩潰或毀滅性的通貨膨脹。但你可以放心，即使銀行的所有債權都無法償付，它們也不會倒閉。正如我所說，中央銀行始終是它們的後盾。大型金融機構的利潤仍歸私人所有，但虧損則收歸國有，這是老生常談的話題。那些規模較小的銀行一旦出現償付困難，會很快被別人接管。儲戶們都知道，銀行是受國家保護的。人們不再這麼快地把錢都取走，因為他們還是相信國家。

那麼，所有的問題都是信任的問題。如果這個信任沒有受到動搖，那什麼事情也不會發生；如果出現信任危機，那所有的一切都會垮掉。即便是沒有五千億美元的債務也是如此——況且這個數字在今天已不再是天文數字，因為它只相當於一九四六年四百億美元的價值。

二、貨幣改革：我一生中經歷過幾次貨幣改革，尤其是兩次大的貨幣改革，都是在中歐戰敗之後。當時國家被摧毀，工廠成了一堆廢墟，沒有外匯進口原物料，生產力降到了零，卻大量印鈔票。此外，戰敗的軸心國還必須支付巨額戰爭賠款。顯然，貨幣變得一文不值，必須創造新的貨幣。但今天呢？許多人抱怨通貨緊縮，市場上原物料價格低迷，工業產品充斥市場。最後一次、但意義不大的貨幣改革是美元脫離金本位，並在美元和其他貨幣之間引入靈活的兌換機制。今天，你也可以把歐洲貨幣的蛇形化（編按：成員國彼此間匯率的浮動範圍小於它們各自對美元匯率的浮動範圍，該匯率機制也依形象稱為「洞中之蛇」）稱為貨幣改革，但那也不是激進的改革。

因此，正如我所說，貨幣改革一詞可以有幾十種解釋。不過，我也深信，大多數談論貨幣改革的人並不知道他們所言是什麼意思。

154 經濟衰退的時候應該買股票嗎？

是的，因為，經濟衰退時，政府就會祭出措施，刺激經濟增長，降低利率，擴大市場貨幣供應量；其中，第一批、收益最早的就是股票，股票的復甦比經濟還要早，因為，錢是股市的氧氣。

155 在普遍增稅的情況下，行情還能上漲嗎？

能。在這種情況下，股市被驅動的原因和在經濟衰退時的原因很相似，因為，當政府增稅時，就可以在貨幣市場上更自由地支配資金，這只會對股市的發展更有利。

156 國際政治對股票的影響力有多大？

特別大。國際局勢是緊張還是平和，直接影響到民眾的心理。國際事態的發展會影響到整體工業（和平工業和戰爭工業）、國際收支、貿易協定和政治信用等等。

157 對於國家的富裕安康和社會的持續發展來說，經濟和金融哪個更重要？

對於這個問題我願意這麼來回答，因為我是個音樂愛好者，所以想講一件與音樂有關的趣事：在十八世紀的文學沙龍裡，人們對歌劇充滿了熱情，人們常常會爭論不休：「是音樂優先，還是歌詞優先？」人們各持己見，各不相讓。近幾十年裡我們的社會又重新出現了同樣的爭論，「經濟優先還是金融優先？」我的回答是堅定的——經濟優先。

我承認，就像歌劇裡的歌詞一樣，在我們的政治體系中，金融也很重要，但並不能起到決定性的作用。所以，我說先經濟，再金融，一個擁有先進的生產設備和產品的企業可以被不負責任的財務管理搞垮，股東也可能血本無歸。但是，以低廉價格接手企業的新主人，可以透過基礎設施和產品品質，使企業起死回生，把企業再次推向輝煌，創造成績。

我把經濟比作一個人的頭和身體，把金融比作是一個人的生活方式，這樣看起來就很清楚：不良的生活方式不會摧毀一副健康無恙的身體，它會引起一些傷害和疾病，但不會致命。天生就體弱多病的身體即使生活得很小心謹慎，仍不會完全健康起來，唯一能做的是讓壽命延長。

一個最脆弱的金融政策也能毀滅一個生機勃勃的經濟，暫時把經濟拖入低谷。同樣地，最嚴格、最正統的金融政策，哪怕是用最好的會計師，也根本不可能在疲軟的經濟中創造奇蹟。所以，我還是認為，經濟更重要。

158

如果一個負債五億美元的國家突然還不起債了，依您的觀點我們該怎麼做？

這個問題我已經被問過一百次了。我的回答是這樣的；首先，什麼也不會發生；第二，「突然」這個詞有那麼一點不恰當，這樣的國家應該是幾年以來都沒有償付能力；第三，它們不會停止償付。因為它們還在不斷需求新的貸款，以便能償付舊貸款利息。它們是否會償付本金呢？反正我們都忘記了。債務人—債權人鏈條可長可短，最後的一個債權人往往總是那些相關的中央銀行（美國聯邦準備系統、德國聯邦銀行、英格蘭銀行、法蘭西銀行或其他銀行）。它們不欠任何人，只欠自己的良心。它們擁有印鈔機，隨時可以支配它們認為必要的資金，以確保所有支付義務的實現。

任何金融機構都不會因為本國貨幣的債務而破產，因為中央銀行始終站在它身後。我管這叫通貨膨脹，歸根結蒂，通貨膨脹的主要原因之一是資本主義國家毫無節制、不負責任地向發展中國家和東方集團提供了大量信貸，這些信貸違背了它們自身的利益，而且沒有任何償還的希望。創造出來的資金流出去後肯定是再也不會回來了。如果有個嚴格的審計師來檢查資本主義國家的資產負債表，就會意識到西方國家也有大量的壞帳。不過，這些壞帳不一定要打掉，可以無限期地延期。

159 資產負債表、複雜的協議和所謂的債務重整等都是冠冕堂皇且徒有虛名嘍？

如果人們願意的話，可以這麼說，但是那位法國最聰明的大人物蒙田就曾經這麼說過（雖然他還是個道德家）：「公共利益需要謊言和背叛。」帶著一點憤世嫉俗的態度，我還想說，整個資本主義制度是個幻象，甚至可能是個騙局，只不過是這種欺騙偽裝得天衣無縫。上帝將賜予它長久的存在。

160 要是回到金本位制的話，您感覺如何？

我不相信，這是胡說八道。然而，歐洲和美國總是有一些專家和政治人物——比如共和黨總統候選人坎普（Jack Kemp）——主張回歸金本位。除此之外，他們期望物價和匯價穩定、可以減少失業率、刺激世界貿易成長和生活水準提高。當然，他們沒有為這些希望提供任何堅實的理由。你真的相信你可以命令大海在暴風雨中保持平靜——這樣你就可以在大風大浪的海上，就像在平靜的小湖上划船一樣嗎？這些都是幼稚的想法。

金本位支持者主要希望固定的貨幣平價。但貨幣不必與黃金價格掛鉤。固定平價也可以在沒有黃金的情況下達成一致。然而，前提是政府遵守外匯的協議條件，即使違反了特定的國家利益。金本位制或固定匯率只是一個協議問題。但是哪個政府會遵守不符合其政治、社會和心理利益的慣例呢？

也許還有一種可能可以恢復金本位，前提條件是所有參與的成員國都必須引進嚴格的外匯管制。如果貨幣自由兌換，這就不可能了。那些金本位先知是如何想像這一點的？趨勢是背道而馳的，甚至在那些曾經實行外匯管制的國家，統治者其實早就想擺脫它。

即使金本位制仍然存在，資本流動就已經如此之廣，以至於央行只有在貨幣供應量變得太大、並且不想失去黃金儲備的情況下才能提高金價。他們實質上等於使貨幣貶值。反過來，如果貨幣的需求增加太多，央行就得提高貨幣價值，目的在於保護自身，抵抗湧進的外來資本影響。例如，瑞士國家銀行在第二次世界大戰期間和戰後很長一段時間都沒有以瑞士法郎兌換黃金。瑞士法郎甚至比黃金更受歡迎。

類似的情況也發生在七〇年代：瑞士和德國對資本進口實施嚴格控制。那何必訂定一個沒有人要遵守的金本位呢？如今，最糟糕的外匯投機正在發生。外匯市場已成賭場。芝加哥期貨交易所的數十萬外匯賭徒每天都在參與大銀行的外匯炒作遊戲，根據官方估計，全球每天的投機金額超過兩千億美元。在一個自由世界裡，成千上萬的經紀人和代理人甚至鼓勵家庭主婦和牙醫加入炒匯大軍，誰能平息這種歇斯底里的情緒呢？

美元變成了「玩家」腳下的足球（投機者這個詞太偉大了，而且稱他們為投機者是對真正投機者的侮辱），以最快的速度在一秒之內從這個球門踢進另一個球門。它不停地移動著，從未停下來過。人們心想著，它可以在某個區域、某個位置上停留下來，真要是那樣，足球運動也就必須取消了。也許你可以一意孤行地這麼做，但足球球迷又會怎麼說呢？那就是外匯管制。

所以一切關於回歸金本位制的文章和分析都是空談。現實與此不同。整件事讓我想起了聰明而經驗豐富的綠先生的話。綠先生向咖啡館的朋友說，他能夠以非常便宜的價格買到一船小麥了。「你也有訂法律合約嗎？」同事問。「何必呢？」綠先生回答。「當小麥漲起來時，我就不交貨；如果小麥跌下去，我就不接貨。」黃金價格也是如此。一個國家的黃金需求過旺時，央行就不會提供黃金來換取貨幣。反之亦然，如果黃金供應量太大，即使有錢它也不會買黃金。

黃金是個平庸的商品，對許多儲戶來說還有某種誘惑力；儘管許多人說，黃金是一種物質資產，但在我看來不是，因為黃金既沒有報酬，也沒有經濟需求。

161 恢復金本位不符合全球經濟的利益嗎？

著名的詩人、諾貝爾文學獎得主泰戈爾給了最好的答案，他說：「給鳥兒插上黃金翅膀，牠便再也不能展翅飛翔。」

162 您如何評價二〇〇〇年以前的經濟發展？

這在很大程度上取決於國際政治、東西方關係將如何發展，尤其是美國與蘇聯（編按：本書出版於一九八六年，蘇聯尚未解體）之間的關係。當然，還取決於歐洲國內的政治情勢，是向右傾還是向左傾。

我認為美國國內政治發展不會發生重大變化。這兩大民主政黨體系是安全的，共和黨或民主黨執政其實並不重要。

我也不擔心美蘇之間會發生任何嚴重衝突，因為我對美國的軍事優勢有著幾乎無限的信心，並相信蘇聯的現實政治權衡。我知道，美國在幾乎所有領域都經常被歐洲人低估，與其說是被政治家低估，不如說是被大眾輿論低估。幸運的是，蘇聯對美國的看法和我一樣。但在對歐洲經濟發展進行預測時，我必須考慮到歐洲的大眾輿論。

歐洲過去的歷史常讓我感到害怕，民眾因來自蘇聯的心理壓力而產生的膽小怯懦，對我來說是最大的危險，蘇聯將會盡其所能，一手軟一手硬，以友好的方式將歐洲與美國分離，從而摧毀北大西洋公約組織。沒了北約，德國就會芬蘭化。一個中立化的德國也將意味著一個中立的歐洲，而法國這個小小的核武國不會改變這一點。

如果出現一個中立的德國，德國就必須滿足蘇聯的一切願望。這將會意味著：新的貿易和金融協定。我知道，許多德國的政商界領袖認為，中立的德國也可以與蘇聯做生意，但在這種情況下，這些交易將與今天截然不同。德國可以從蘇聯獲得大量物料和能源，並以美元支付。蘇聯將從德國購買技術、機器等。從法國、丹麥和荷蘭購買農產品，並用盧布支付。至於盧布值多少錢——我把這個問題留給黑市去估算（黑市永遠是最真實的）。在那裡，盧布的交易價格是官方價值的七分之一。

一個中立的德國就意味著一個中立的歐洲，一個中立的歐洲將會緩慢但穩步地完全置於蘇聯控制之下。這樣一來，蘇聯就可以實現不費一兵一卒便能控制歐洲的舊夢。

我並不是一個徹頭徹尾的悲觀主義者，但你總得考慮到這種可能性。這種危險的很大一部分在於德國的國內政治發展。一個可能的左派政黨聯盟將在一夜之間重塑整個國際政治格局。簡而言之：我相信美國，因為我是歐洲人。我不認為日本有絲毫危險，但對我這個歐洲人來說，日本人的心態我是看不透的。

上述歐洲可能出現的情況，對於美國來說也許是不舒服的，但肯定不會有什麼致命的打擊，因為對外貿易在美國經濟中的作用非常有限（約占一〇％）。這就是為什麼我認為投資美國對投資者和股市專家來說是個好主意。

長遠來看，投資者尤其要盯住華爾街，因為華爾街將繼續繁榮，而歐洲可能會有其他擔憂。

我希望，事情不會發展到那個地步，但風險——儘管很小——也會帶來巨大危害。

左與右的角力

163 您如何看待這個爭論，對於經濟發展哪個更合適，是國家計畫還是絕對自由？

直截了當地說，問題是：叢林還是監獄？兩個極端之間的距離很大。兩種理論的支持者各自都有無數嚴肅的論據。經濟完全自由——這將導致叢林，並最終引來雜亂無章、紛繁無序的結果。我承認，如果叢林中只居住著天使或天使般美妙的生物，倒也還是有優點。但叢林中還奔跑著兇猛的掠食者，他們不僅僅攻擊像他們一樣的同類，而且還捕捉那些無辜的旁觀者。

164 這麼說來，您是反對叢林，贊同監獄了？

不對。我不贊同牢房或者監獄，我更傾向於一個強有力的國家。這個國家是實用主義的，他儘管有自由，還有法治，弱者受到保護，不受強者侵害；天真無知者受到保護，不受精明人侵害。例如，德國的儲戶過去在自由的大旗下吃了不少苦頭。晦澀難懂的境外投資基金、石油和船舶貶值、遙遠國家的森林地、不計後果的商品期貨、不透明的風險投資，這些都奪走了他們辛辛苦苦賺來的積蓄。

錢——經濟的最終目的——是放射性的，而且具有腐蝕性；錢誘導著人甚至是大型機構去做可能有利可圖、卻有損大眾利益的生意。在舊維也納戲稱這種情況為「瑞士州制度」：每個州都有自己的「州長」，可以「為所欲為」。早在十八世紀孟德斯鳩就曾經寫道：「貿易的自由並不意味著商人有權做他們想做的事，限制商人的自由，未必會阻礙貿易的自由。」

165

這麼說，我們就應該控制經濟了？

我們完全可以掌握和控制經濟，同時不損害資本主義社會制度的三大支柱：自由的企業、利潤和自由的競爭。除了中央銀行始終能夠透過其貨幣和利率政策進行有效干預之外，完全自由放任的時代終於結束了。

國家以及國家機構的適度干預甚至是可取的，如果——這可是個很大的假設前提——它不是遵循著政治目的的話。例如，當國家在貨幣、信貸、海關和稅收政策上偏袒某些社會階層和部門，而損害其他階層和部門的利益時，就會出現這種情況。從長遠來看，這些方法可能會導致一個國家走向社會主義，而大多數投票給政府的公民並不希望如此。當然，許多事情會自行穩定下來。供給和需求遲早會達到平衡。

人們可以把潮漲潮落的時間精確到用分鐘來計算，但你無法阻止潮汐的到來。你只能在潮汐面前保護自己，採取預防措施。商界中那些能夠計算出潮漲潮落時間的人，被認為是特別有才華和聰明的人。但正如近年來的經驗所表明，這些人總是鳳毛麟角。因此，你必須務實，而不是紙上談兵。無論如何，解決方案很少是完美的。理論上的東西可能是正確的，但由於不符合當前的政治和心理狀況，因此很少有實用性。而且，即使我們知道該怎麼做，問題仍然在於能否真正落實。

古典貨幣主義者自己也承認，由於政治和社會原因，大多數可以採取的措施都不可行。儘管如此，他們還是宣傳自己的論點，但同時又說：「以後的事我們就管不著了。」

總之，無論是自由放任還是計畫經濟，無論是財政主義還是貨幣主義，法國詩人皮隆（Alexis Pyron）在一首雄壯的抒情詩中給出了這個問題的最佳答案：「科林欣賞他愛人的玉腿。對他來說，有時右腿更美，有時左腿更美。『您別猶豫了，』她喊道，『讓我來決定吧，真相就在這兩條腿之間。』」

166 國營或者被國有化的企業是否有透過私有化的措施參與股市？這些公司會不會帶來股市以及投機的復甦？

是的。但也可能恰恰相反：將私營企業國有化無疑能刺激股市上升，甚至能把股市推向高點，一切都要看這件事是發生在哪個國家、這個國家的政府是個什麼樣的政府、當時的政治氣候如何。一個最有說服力的例子就是幾年前發生在法國的事情：四十家大工業公司被國有化，還有所有在全法國擁有二十億法郎的銀行也被國有化。這一國有化的決定，如一劑強心針，引起了巴黎股市的竄升，國家按照前三年的股票平均價格付給股民，並由此向市場注入六百億法郎。股民把剛拿到手的嶄新鈔票又重新投入到別的股票上。

出現了最有利於價格上漲的情況：股民口袋裡的錢變多，市場上的股票變少，因為那些規模大、被國有化的股票消失了。國有化引起了猛烈的多頭市場。尤其是同時廢除了匿名黃金購買制度。

167 要是把這些國有化的企業再次私有化，會怎麼樣？

這樣的問題我給不出答案，隨著政治逐漸遠離了集體社會主義路線，總的來說，對股市的發展可能會是有利的；但假如投資者口袋裡沒錢，而外資也不想投資法國股市的話，就可能會失敗。

投機者語錄之五

- 人們在買入股票的時候需要的是浪漫主義，拋售股票的時候需要的是現實主義（中間要睡大覺）。
- 購買選擇權？就像匯票一樣：您簽字吧，您會發現時間過得有多快！
- 在股市上，掃得好的不是新掃帚，而是舊掃帚。
- 在股市上過於看重蠅頭小利的人就不會有大作為。
- 在爆炸之前和危機之後總是一片寂靜，其間發生的，只是歇斯底里的噪音。
- 每個優秀的法國資產階級家庭都把最傻的兒子送去股市，這肯定是有原因的。
- 只有聰明的投資人可以理解做空投機。傻瓜不會明白，怎麼能賣出自己還沒擁有的東西。
- 對於像財經記者這樣的股市專業人士來說，經常說對是很危險的。同事們會嫉妒你，等不及要在你失敗時抓住你的把柄。
- 說到股市傳言，嚴格說來，投機者甚至連自己父親的話都不該相信。
- 法國偉大的作曲家伊貝爾（Jacques Ibert）曾經說過，藝術包括一〇%的靈感和九〇%的汗水。在股市中，汗水當然就是經驗。

- 人人都知道的股市行情，對我來說已經沒什麼感覺了。
- 通貨膨脹是債權人的地獄，也是債務人的天堂。
- 羅斯柴爾德曾經說過：「在股票市場上聽從我的話的人，下場會很悲慘。」
- 九〇%的股民都沒有什麼想法，更談不上思考。即使是賽馬和樂透玩家也有想法和動機。股民們大多數都是盲從的。
- 即使是傻瓜口袋裡的大錢，數額夠大的話也能炫耀和被認可。金錢的力量是巨大的。
- 在通貨膨脹嚴重時期，維也納一家大銀行的行長說：「我們不聰明，我們效率不高，我們只是友善！」我覺得，他的話在當今的社會是行不通了。
- 制止不理智投機的最可靠煞車就是賠錢。
- 分析師思考，股市掌舵。
- 股市中的人們不必什麼都知道，只需理解，但即使什麼都理解，也不必什麼都去做。
- 即使是最狂熱的股市投機者，也可以暫時休息觀望一下。
- 我經常問自己，在交易期間去證券交易所還是去釣魚更有用。在證券交易所，你可以學到一些技巧，然後反其道而行；而在釣魚時，恰恰可以冷靜地想一想你不該做什麼。

- 用客戶的錢去投機而運氣不好的銀行家往往會成為騙子。運氣好的人則會成為天才。
- 可以這麼說，股民年輕的時候花出去的錢，就是他們老了的時候才掙到的錢。
- 我的心臟在左邊，我的大腦在右邊，我的錢包既不在左邊也不在右邊，而是早已在美國了。
- 一個聰明的女人應該儲備一個做空投機者，那樣的話，她的福祉就永遠有了保障。
- 在股市，半句真話就是一個完整的謊言。
- 人們應該知道，坐在大金融機構門面背後的並不是什麼好人。
- 魔鬼發明了股票市場，是為了懲罰人們相信自己能像上帝一樣從虛無中創造出東西。
- 有個工廠，華盛頓總是讓它沒日沒夜地工作，這個工廠就是國家鈔票印刷廠。

第6篇

股市心理學和消息面

借錢買股票

168 人們應該借錢買股票嗎？

只有當擁有的資產比欠下的金額大得多的人才能借錢買股票。我傾向最好不要借錢買股票，除非你是個大膽的賭徒。當然這還是一個股票的比例以及品質的問題。如果一個人借兩萬馬克買進十萬馬克的有固定利息債券，這並不是一場災難。但是如果說，一個人欠了二十萬馬克，有三十萬馬克的股票，同時又擁有超過一百萬馬克的房地產，那借錢就不是罪過。但是，不論怎麼說，每個人的情況都需要個別檢查。

為了證明借錢投資有多危險、有害，甚至毀滅性有多大，以及投機者無債務地輕裝上陣時的好處有多大，我想從自己眾多親身經歷中舉出兩個例子來說一說。

一九五〇年代中期，紐約股市發展的態勢良好，一些新興產業比如電子公司特別有想像空間和前景。我用最後的一些美元買進了電子產品相關股，當我把所有的錢都投進去之後，又貸款買進了一些。我把我的貸款信用額度用光了。

那時的美國總統艾森豪將軍，雖然是個戰爭英雄，但在其他方面絕不是個天才。在美國民眾的眼中，他的形象完美無缺（儘管他和瑪蓮・黛德莉〔Marlene Dietrich〕有緋聞）。美國民眾對他們的總統如此信任，是華爾街良好氣氛的重要因素之一。在下一屆總統大選之前一年，大家就斷定，並且百分之百地相信艾森豪將軍肯定還會連任總統。整個華爾街都對此堅信不疑。為什麼人們不該在股票市場上也能預先看到他連任的勝利呢？所有的人都是這麼想的，包括我在內。

接下來發生了很危險、出乎意料的事：一九五五年，艾森豪總統心臟病發作。第二天，紐約股市上的所有股票都跌了一〇％到二〇％。因為我是貸款買股票，必須盡快拋售我的大部分股票。這是非常令人痛心的，但是在經紀人要求補繳保證金之前，這是必需的。

恐慌來了，因為大眾放棄了希望，他們不再對艾森豪連任抱什麼希望。沒有艾森豪的大選將是個什麼樣子？這是個大問題，這個問題始終是股市的破壞性因素。無論是固執的人還是猶豫的人，都沒有足夠的勇氣面對突發事件，即使眼前的事件是個好事。除此之外，大多數人根本就不可能事先判斷出這對股市有利或不利。

在這種情況下，所有猶豫的人，還有所有貸款買股票的人，都想盡可能迅速地拋售手中的股票，後者其實是被迫這麼做。恐慌開始的第一小時就有可能引發出一連串的反應。

幾天後，艾森豪總統的身體狀況有所好轉。他能再次參加總統競選的希望之火在民眾的心中又一次點燃了，股市止跌，開始反彈，漲幅遠高於這一事件爆發之前的水準。在隨後的幾年裡，股價有了驚人的漲幅，有的甚至翻了十倍，只可惜對我來說，為時已晚了。

我知道，像往常一樣，人們不得不全部賣掉之後，股價就升了——詩人海涅的詩句浮現在我腦海：「……這是一個古老的故事，但它永遠是新的；對故事中的人來說，一旦發生了，他的心就會碎成兩半。」

169 如果您當時不是靠貸款買股票的話，又該怎麼做呢？

肯定會和我幾年以後再次遇到另外一個突發事件時的做法一樣。

那是一九六二年的二月，是在巴黎的證券交易所操作法國的股票，我又一次和命運之神撞了個滿懷。但是，這次我是一分錢的貸款也沒借，完全憑自己的財力來買。當時正逢法國與阿爾及利亞之間的戰爭，當時的法國總統是戴高樂將軍。他的本意是要放棄阿爾及利亞，但民眾的反對情緒高漲，他的政策來回搖擺。然後，意想不到的事件就出現了：四位法國將軍在阿爾及爾發動反政府暴動，也就是說，他們反對戴高樂將軍。全法國人民為之震驚，這可能也是世界大戰結束以來在法國發生的最大事件。這幾位將軍害怕戴高樂總統讓阿爾及利亞獨立，拒絕接受這一現實。當天夜裡，整個巴黎籠罩在一片無以言表的恐慌之中。

第二天，我沒去股市，因為我想保持內心的平靜，不想看到我的股票跌進深淵的慘況。我去了最心愛的地方——路易斯之家（Chez Louis，一家國際知名的捷克酒館），那是一個影視明星和新聞記者聚集的地方，這裡，人們不談論股票，討論的是菜單。

在那裡，我很偶然地碰到證券交易所的一位同事，他告訴我股票市場的情況，就像股市小說裡描述的那種大屠殺。

「真的嗎？」我笑問。然後，我平和寧靜地享用了我的午餐。我堅信，戴高樂將軍會在這場較量中獲勝。

對我來說，這個事件就是一天的事，很快就會被忘掉。我要是去了股市，可能已經把股票都出手了。在這樣的一天裡，我竟然沒去股票市場，正是因為我一身輕鬆，沒有一分錢的債務。可惡的股市裡的分分秒秒，我就這麼著在宜人的飯館裡給消磨掉了。股市收盤後一小時我了解到，股市行情跌落又反彈，反彈幅度已經追回原來的一半了。

晚上，戴高樂將軍發表了他著名的電視演說，向深愛的法國人民發出呼籲，此時此刻，全法國人民都支持他。那四位將軍棄械投降。一切恢復了平靜，不僅僅是政治局勢穩定了，股市的陰霾也散去了，因為我沒有借錢買股，所以免受恐慌的影響。

要是我有債務在身，那我的邏輯就會被扭曲。因為，我的大腦會因為我的貸款債務的恐懼而有完全不同的反應。如果我不冷靜思考戴高樂將軍和全法國人是如何反應的，儘管我心裡有數，但難免會陷入恐慌，因為損失太大了。

所以我的前提是：寧願用最小金額的自有資金買一個負債累累的公司的股票，也不要借一大筆錢投資到一個業績良好的公司裡去。因為對全額繳清股款的股票，能夠等更久，等到行情上漲；如果是用貸來的大筆借款買股票，就會見到微利就收兵。

有一次，我和一個同事出於同一考量看好同一檔股票，我全額支付買了一百股，他則是靠貸款買了一千股。我坐等兩年，靜觀這支股票的走向，最後收益是二〇〇%。我的那位同事，因有債務在身，不敢戀戰，稍見利潤，他就出手了。

170 但是，股票市場裡討生活的人，不冒險又怎麼能獲利呢？

那是肯定的，不過，如果你猜測股市的發展會更加堅挺，也就是說，貨幣、心理和行情三大要素都到位的情況下，就應該買進負債累累、處境危急的公司的股票，我建議全額付清股款。其次是買選擇權，但還是要考慮到你投入選擇權的資金可能會全軍覆沒。

171 您是否也有借錢買股票成功的經歷呢？

針對這個主題，我還是想講述一個寓意深刻的小故事：我曾經寫過，在第二次世界大戰後，德國推出歸還債務的措施，我從德國政府發行的外國債券上漲中獲得了很大的利潤。

我把所有的錢都用在這次投機，我從瑞士銀行獲得最高額度的貸款（無論是美國還是德國都不會為這些債券發放貸款）。

所有的投機依靠的都是德國的未來，國家的前景非常明確地和艾德諾總理的個人形象緊密相連。他絕對希望聯邦議會批准這《倫敦協議》。德國社會民主黨對此持強烈反對意見，但是，可以肯定的是，艾德諾會推行他的計畫。對艾德諾的期待在這次投機中起到了很大的作用，當然這也有一定的風險。

如此這般的一筆投機交易，敏感而易受政治因素影響，無法估量的因素會帶來大麻煩，更不用說艾德諾的健康狀況不佳，甚至有生命威脅之憂。

我那時必須暫時離開，去一下美國，我非常牽掛德國債券會無法償付。如果有一天早晨，一條關於艾德諾生命危急的新聞出現，那德國債券會出現什麼樣的變化呢？什麼都有可能發生。很可能所有的證券都會面臨一場嚴重的危機。在這種情況下，我必須全部出清！但是在歐洲的早晨，人們可以收聽新聞的時候，在美國還是深夜，等人在美國收聽到具有決定性意義的新聞的時候，一切都晚了。

我的想法是委託銀行，如果出現類似這樣的情況，就把我在德國的整個投資組合都賣掉。

不過，還沒有一家銀行肯接受這樣的委託，原因在於，他們不想承擔責任，去估計艾德諾的健康狀況到底會面臨什麼風險。

我不想先賣掉。飛到美國後，內心忐忑不安。我和銀行商議，如果有負面消息（希望不要出現），不管什麼時候，馬上打電話給我。

幸運的是，在我不在德國股市期間，艾德諾沒有發生任何不利於股市發展的意外，所以，雖然我很緊張，但是直到最後，我一直盯著價格上漲，並從中獲得了利潤。但我還是擺脫不掉內心的忐忑，因為，雖然我敢肯定，即使沒有艾德諾，德國的這筆債券會付清最後一分錢，但是，這筆可怕的貸款給我造成了再也去不掉的恐懼感。

172 這筆大額貸款的投機結果怎麼樣呢？

我太幸運了！假設沒有艾德諾的健康狀況這個波折的話，也有可能出現其他別的什麼壞消息，如果在批准《倫敦協議》之前德國議會改選，那情況可能有變。如果社會黨獲勝，協議的通過會有困難——這對於我的投資組合來說是致命的打擊。

專家的建議

173 您先前提到了「建議」，您是如何理解這個詞的呢？

我對「建議」的態度很負面。別管什麼建議！九〇%的建議都無非是促銷手段，甚至是操縱股價。一些金融團體、大集團，或是金融機構，為了向大眾賣出某支股票，透過新聞、口耳相傳和不斷抬高股價等等手段，吸引眾股民買進股票。藉著大眾的購買，這支股就上漲。然後，愈來愈多人都來買進這檔股票，就像已經說過的：「再也沒有什麼比讓人們買行情上漲中的股票更簡單的事了。」過去的維也納，這種現象被稱為「剪兔毛鋪」。這些人非常容易受人誘導，而且，自打股市成立以來，這種操縱就存在了。早在十七世紀的阿姆斯特丹、最古老的有組織證券交易所裡，人們生動比喻這種現象的說法是：「把兔子引誘到屋子，捉拿上案，然後剪掉兔毛。」

174

對於那些大型機構的資金管理者，我們該給予多少關注？

一點也不用。雖然這些人交易量大，以至於能夠影響股價走勢，但是，這種影響力只是短期。如果一個大型機構買進或者賣出特別大量的股票，可能在幾天內把股票拉到最高點，或者找到最低點。但是，就像已經提到過的，從長遠的角度看，這算不了什麼。

175

長期來看，對於專家提供的建議，我們該給予多少關注？

一點也不用。因為，某個產業或者某個企業的專業人士根本就不具備針對股票市場的解析能力。他們可能了解某個企業在財報推出當天的情況，但是，昨日的情況已不再適用於今日。股票市場上，人們必須不斷隨機應變地綜合考慮各種情況的變化。

176

一個公司的內部人士透露出來的關於公司股票的資訊，又該如何看待呢？他提供的資訊肯定特別有價值。

一文不值。雖然公司內部人士非常熟悉自家公司的業務、產品、發展及潛力之所在（還未必就那麼肯定），但是和整個資本市場以及進一步的發展態勢的關係並不是那麼大。而且，這些資訊也未必就總是那麼誠實。按照我的親身經驗，得到某個公司內部人士的推薦資訊後，恰恰應該反其道而行。通常這些資訊是假的，為的是誘導大眾：這些內部人士、群體可能想要增持公司股份，因此大力散布壞消息，從而達到股價下降的目的；或者，正好相反，他們口耳相傳公司的好消息，為的是讓股價上升。而且，他們不願意讓大眾知道他們也有持股的事實。

177 這就是詐欺了？

也可以這麼說。但這又很難證實，因為每個人都有權利說出自己的觀點，正面也好，負面也罷；真理也行，謬論亦可。

178 人們該如何看待經濟學家和企管專家關於事態進一步發展的觀點？

不可以看得太重。因為，即使是最出色的經濟學家，對股市的分析也有可能是完全不正確。前面已經談到，股市和經濟的發展不是並行運作的。要是經濟學教授對股市的分析都是金口玉言的話，那他們早就發財了，遺憾的是，並沒有。經濟學家精通經濟和貨幣的特性，但是，他們並不富有，就像伏爾泰說過的：「描寫金錢比賺錢簡單。」經濟和股市是兩碼事。經濟繁榮對股市發展不利；經濟停滯則對股市發展有利，其道理我曾用盛水的大浴缸和小浴缸之間的關係做過比喻。（參見一五五頁）

179

如果有支股票受到最大、最知名的金融公司極力推薦，是否該買？

不應該！要更加謹慎買股。一個金融集團想辦法要賣掉股票，會讓銀行或者經紀公司藉由股市訊息和媒體等管道促銷，這是一種口碑行銷。

180

這麼說來，經濟學家的預測總是錯的？

可能吧。他們偶爾能說對。但是他們的話沒什麼說服力。我在這裡講一件有意思的事：一九六二年年初的時候，在華爾街和全世界所有的股票市場都出現了一次暴跌，沒有一個經濟學家預料到。糟糕的是，如果你下了賣單，在瑞士的股票交易所裡竟然好幾天都沒有任何回應（儘管瑞士證交所的成交量還是比較大的）。幾個月以後，當股市恢復平靜時，《紐約哈羅德論壇報》（*New York Harold Tribune*，現為《國際哈羅德論壇報》〔*International Harold Tribune*〕）舉辦了一次圓桌會議，參加者是一些最有聲望的經濟學家；他們討論來討論去，有的悲觀，有的樂觀。在他們能夠彼此說服並達成共識之前，主持人笑著提出了一個問題：「我親愛的先生們，你們對年底的道瓊指數漲到某某點，有什麼看法呢？」（道瓊指數當天跌了二〇〇到三〇〇點）大家異口同聲地回答說：「你在開玩笑吧？」後來發生什麼事？不是到年底，大約兩個禮拜後，道瓊指數就來到那個價位。

181

您能否給我們再舉一個類似的例子？

另外一個很有說服力的例證是美國著名的財經雜誌《商業週刊》上的一篇文章（一九七九年八月號）宣稱：把股票作為投資，最終是死路一條。這篇文章的意思是說，「沒有人願意再擁有金融資產。能讓人們投資獲益的應該是其他東西，比如說黃金、白銀或者各種實物資產、東方地毯、中國瓷器、金銀製品或者是房地產等等。」這樣武斷的結論顯然很可笑，單單在華爾街這個地方一天就有五千萬股在交易，還有近十億美元的債券，還不包括倫敦、東京等證券交易所。是誰買入了如此大額的有價證券？有人買入這麼多證券，說明賣出量也有這麼大。答案很簡單，是持樂觀態度的人買入了，持悲觀態度的人賣出了，或者換個說法：猶豫的人拋售了，固執的人買入了。有意思的是，證券在這一天走到了最低點（利率卻漲到了最高點）：道瓊指數是八〇〇點左右。所以說，「沒有人」是胡說八道，不然到底誰是買家？美國商業雜誌將地毯、瓷盆、骨董、咖啡研磨機和類似收藏品列為投資標的，該如何操作呢？

182 可是，不是有很多人做這種實物投資都很成功嗎？

不是很多人，只是個別現象。一個人可能會對他珍藏的物品升值感到很高興，比如說字畫、瓷器、銀器或者其他東西。我自己也有類似經歷，但這些純粹是理論。因為當人們想把東西賣掉的時候，最先面臨的總是內心的矛盾和實際的困難；第二點是，要賣掉收藏品對一個真正的收藏家來說不是一件輕而易舉的事。無論它們的價值有多高，而他們更可能在放棄自己的藏品前就餓死了。他們的繼承人當然是會變賣掉這些藏品，但是因為他們對這些物品的價值知之甚少，有可能受買家擺布，把先輩千辛萬苦積攢起來的藏品轉手就賣掉了。當然也有個別情況，收藏家迫於現實壓力，忍痛賣掉他們的珍藏。幾年前那位著名的大作家、大富豪佩雷菲特（Roger Peyrefitte）不得不拍賣掉自己的情色珍藏品，否則就會破產。他為了蒐藏情色藝術品和珍本，曾在好幾個拍賣會上一擲千金。

但是，當人們提起一般情況下的投資時，也不能拿這個例子當參考。當人們分析起股票來的時候，指的是幾十億美元，投入這些資金的邊際效益有多少。蒐藏品的邊際效益又是如何？股票和藝術品這兩種投資方式大相徑庭，兩者之間也沒有任何關係——除了藝術珍品的價格波動比股票更大、更驚人之外。黃金和白銀也歸類為有形投資。

183

您為何如此激烈地反對經濟學家？

波旁王朝的時候，德塔列朗（C. M. de Talleyrand-Périgord）主教回到法國以後曾經說：「他們什麼也沒忘記，什麼也沒學到。」如今的經濟學家也被我們這樣評論道：「他們沒有忘記原來的理論，但是對當今世界一無所知。」因此，對於剛才提到的問題，我也想這麼說，我不反對那些經濟學教授向年輕人傳授經濟學基礎知識，但他們根本無法進行經濟預測，更不用說股市預測了。據美國媒體兩年前報導，大公司正在大規模解雇經濟學家，因為他們完全錯誤的預測造成了巨大損失。不管是關於通膨、利率、石油還是其他方面的分析，都帶來錯誤的誘導。

他們過去和現在的不幸都在於不會思考，只會計算。歷史上偉大的經濟學家摩爾、亞當・斯密、李嘉圖、凱因斯等，都是偉大的思想家。他們不做預測，而是提出理論，以影響政府的政策。這就是為什麼他們的學科在所有語言（德語除外）中都被稱為政治經濟學。而今天的經濟學家則是會計師和統計學家。他們對數字著迷，卻不去研究數字背後的東西，他們至少應該明白大多數統計資料都是虛假的、偽造的或至少是竄改過的。邱吉爾說過：「我只相信那些由我自己虛構的數字。」經濟學家的分析基礎就是數字、數字、數字，就像哈姆雷特說的：「說話、說話、說話，沒有意義，卻找到了一個方法。」運用到這件事情上，這個方法就是正六・五％，負三・四％，正五・八％等等。他們不會丟掉小數點後面的小數，但是他們撿了芝麻，丟了西瓜，他們忘記了對於經濟，同時也是對於金融來說最重要的影響因素——即心理學——是信任還是懷疑，沒有信任，一切都將垮掉；有了信任，一切問題都能迎刃而解。

184

面對到處宣傳滿世界都是投資機會的預言家，人們應該如何自我保護？

別讓他們進門，接到這樣的電話就掛掉；偶然在社交場合遇到時，把耳朵堵住。我必須再一次重申：根本就沒有股票預言家，只有占星學家和做白日夢的人。你不能預言無法妄加臆測的事。轟動一時的投資機會幾乎總是騙局。在大街的每個角落裡都會有一個精明的投資顧問，他會想教人們如何在通貨膨脹、通貨緊縮、股災或者是其他類似的危機面前保護自己。對於這些，我只想引用莫里哀的話：「大多數的病人不是死於疾病，而是死於藥物。」

185 該如何看待聲稱「總是在最低點買入，最高點賣出」的人呢？

很簡單，他們是騙子。

186 該如何看待一個未受過培訓、完全靠自己琢磨的自學者？

一個自學者即使沒有受過課堂教育，也可以獲得大量經驗，而且比起訓練有素的理論家，自學者常常對重大事件和複雜問題有更強烈的直覺。自學成材的人常常只是憑著自身的經驗和做出正確的反應，而不知道原因何在。

187 那些經驗豐富、聰明但失敗的股票經紀人的意見，我們該給予多大的重視？

很重視。因為成功並不是對專業知識和智力的衡量標準；而且，即使是失敗的人，也可以好好判斷股市發展趨勢以及某種證券和整個股市的機會，發揮想像力，衡量風險，但他自己未必能從中獲利，或者是因為優柔寡斷，或者是因為緊張害怕，或者就是因為他總是在借錢炒股。最後這一點很致命，因為即使他有耐心也沒用。成功常常不是取決於智力，而是取決於性格。

這一點我不是空口瞎說，全是從我周圍圈子裡的朋友身上得來的經驗和教訓。我常常想起一個老朋友，從他那兒我學到了很多東西。但是，反過來他自己混得卻很差，到後來還是我資助了他的晚年生活。除了性格上不適宜做投機者外，他還特別貪玩。上午在交易所玩股票，下午去賽馬，晚上打橋牌或撲克牌，半夜還要賭一把輪盤。在炒股方面他有智慧和令人信服的想法。遺憾的是，他總是見好就收，剛剛有一點利就收手了。其中一部分原因在於他是貸款買股票。由於他在炒股方面有過人的才華和有說服力的觀點，他更把投機當成遊戲。他是個極聰明的投機者，同時又是神經質的賭徒。

我還有一個朋友，亞伯特・漢（Albert Hahn）教授，極其聰明，他常說：「我從不怪罪自己的愚蠢。」也許正因為他已經是一位經濟學教授，所以不信任自己的運氣。由於他消極的自我評價，使他在炒股時從不想當然地出手，而是一板一眼地照理論行事。這對他來說已經夠刺激了。實際上他只有長期投資策略，並且把他所有的家產投進去，放個二十年，直到他去世；而留下的遺產卻相當於當初投進去的資金的三十倍（今天來說就是六十倍了）。

在這種情況下，繼承遺產的人就可以如此評說：他們的這位先輩是個成功的投機者，恰恰是因為他從不去投機。他是一流的理論學家，而我只是個實踐的人，所以他來向我諮詢。他的理論也只是紙上談兵，要是他用自己的經濟學理論去炒股，那很可能就完了。

188

消息面與股價

一個企業的年報、股東大會報告和報紙上的公開資訊可以作為判斷公司發展的來源嗎？

不可以。除此之外，人們還必須要在字裡行間認真琢磨，悉心揣摩文中提到的每一個資訊，並讀懂這一資訊後面隱藏的是什麼。弄清楚這一資訊是否錯誤，至少要排除不可信的部分。我們在閱讀這樣的文字時，必須批判地甚至是憤世嫉俗地去分析。即使都這樣做了，還要考慮到，人們不可能弄清楚何時、何地會出現危險的競爭者。

189 大量新股發行，即多家公司在證券交易所上市，是否是股票投資的有利信號？

不對。無論如何都不能這麼想。相反，在銀行大量發行新股的時候，媒體或其他宣傳管道使股市情緒保持樂觀。這種氛圍表現得愈樂觀，大眾接受得愈快，但當樂觀的情緒崩潰時，反應會更激烈。然後，你就會發現，新公司上市或增資，幾乎總是預告後來的戲劇性轉折，因為突然之間股票比傻瓜多了。

轉折的勢頭會比預期還要猛烈，即使你已有預期，並確信崩盤即將到來，即使資深經濟學家也阻攔不了。請小心踩煞車，並減速；其中操作的全部奧妙就在於，你要做好準備並採取相應行動。

190 所有上市公司的資產負債表、股利等訊息，人們都必須知道嗎？

當人們對某件事情的細節過於關注的時候，就無法綜觀全局了。人們可以對某些事情知道很少，但是必須了解一切。當你忘記了所有細節，剩下來的就是股票的知識了。

五〇年代，在美國有一部關於股票市場的電視節目。在眾多的候選人中，獲勝的兩個人是一位年長女士，另一個是在校中學生，他們什麼都知道，絕對什麼都知道。所有報紙上的文章、書刊裡的資訊、統計出來的相關數字，所有公開資訊都掌握了，但是，他們中沒有一個人曾在股市上獲得過哪怕是一丁點的成功。

191

分析過去的事件重要、或者說有用嗎？

當然重要。如果我們不能明白以後發生什麼事的話，至少應該了解過去的事。總結過去的經驗和教訓是為了使未來更容易些：每一次成功或者失敗的投機之後，每個投機者都應該分析他的成功或者失敗：為什麼推測是正確的？哪些論據是對的？有多少成分靠的是運氣？或者反過來說，為什麼推測是錯誤的？哪些論據出了差錯？哪些因素從中搗亂？錯誤出在哪裡？等等。

192

看媒體新聞報導的時候，最該牢記在心裡的是什麼？

所有的新聞和事件都很重要。政客的發言，每一個字都有可能促使你做出某個決定；但是，更重要的還是去猜測、去理解，還有就是去正確地分析其弦外之音到底是什麼，這些事件可能會產生什麼後果。有時候你必須能辨識出什麼是內線消息，但對新聞報導應該抱持質疑的態度。

193 你如何看待報紙上有關股市的報導？

報紙上說的股市、趨勢等評論沒有什麼意義。我經常翻到的是這樣的有趣報導：「今日股市走弱，因為悲觀主義者對對未來不抱希望而拋售；另一方面，買家持謹慎態度，因為他們在盼望著股市疲軟，所以在壞情緒的壓力下，價格不得不下跌個幾點。」不用說，在這段話裡，「弱」字道出了一切。

194 要是有內線消息，又該如何應對？

內線消息或者諸如此類的東西總是會有的。在五十前，我就已經懂得內線消息的真正價值何在。當時我是一家公司的員工。客戶中有一位是銀行家，前銀行家賓根（Signore Bingen）先生，他是法國傑出汽車實業家雪鐵龍（André Citroën）的岳父。在我們這裡購買了雪鐵龍的股票，股價不斷地緩慢攀升。誰能比賓根先生更了解雪鐵龍的股票呢？於是，我大膽地用自己的錢炒作雪鐵龍股票。令人難以置信的是，六個月後雪鐵龍股票陷入了困境，儘管六個月前這檔股票還能發出每股五十法郎的股利，但六個月後，根據匯率，它甚至無法支付到期的匯票。這雖然不是內線消息，但也差不多了。最終公司破產了，老闆雪鐵龍先生最後一窮二白地撒手西去。後來我們得知，這家公司倒閉不是因為公司成績不佳、產品品質低劣（至今仍是世界上最好的汽車之一），而是因為老闆的性格因素。雪鐵龍是法國最有才華的大工業巨頭之一，他想像力豐富，樂觀向上，非常有信用，遺憾的是，他選錯了債權人（我常常這麼認為，對於一個債務人來說，選定一個好的債權人比起債權人找到一個好的債務人更重要）。

雪鐵龍先生也是好賭之輩，週末愛去賭場玩百家樂。當兩家貸款給他的銀行得知他的不良癖好之後，突然徹底取消了他的貸款，致使一個蒸蒸日上的公司陷於癱瘓。這也是賓根先生始料未及的。他過去是非常佩服他的賢婿，而我又豈能先知先覺呢？我只能自己吞了這口氣了。

195

您有因為內線消息而賺錢的經驗嗎？

後來我有過這兩邊的經驗，在我六十五年的股票生涯之中，因為追蹤了內線消息，賺過兩次錢，恰恰是因為我反其道而行之。有無數次，我是因為遵循了內線消息的謠傳而賠了錢。

我有一次是聽了內線消息而贏了錢，與其說是贏了錢，還不如說是我因此而沒有賠去一大筆。二戰時期我對一些歐洲政府債券感興趣，特別是那些被德軍占領的國家的債券。

在紐約證券交易所交易的丹麥王國債券也是這種情況。票息是付了，但本金償還還是有危險。丹麥政府面臨了「付，還是不付？」的問題，債息是六%，在證券交易所的報價為票面價值的六〇%，並將在六個月後以一〇〇%贖回。對於這種品質的債券來說，這樣一反常態的貼現率有些難以想像，丹麥政府作為債務人，在美國銀行可是擁有大量美金的。

我在三〇%到四〇%的價格買了點這種債券。幾個月後，你只需到櫃檯以一〇〇%的價格贖回這些債券，當時為什麼有的人在六〇%到七〇%的時候就拋售？在金融界什麼事都有可能，投機家的胃口是無底洞。

我有個鄰居叫波旁—帕瑪（René de Bourbon-Parma），他是齊塔皇后（Kaiserin Zita）的哥哥、丹麥國王的女婿。我建議他應該去趟華盛頓的丹麥駐美國大使館，去找他的熟人探聽虛實（我的酬金當然是很高的，他也滿心歡喜地接受了），那筆令人關注的丹麥政府的貸款是否會在一九四一年十二月一日償付。到了約定的日期，那位王子從華盛頓給我準時打來了電話（準時是皇室的禮節），他說：「債券不會支付。」雖然丹麥政府運行良好，丹麥百姓在美國也有足夠的美金，可以贖回他們的債券，但他們的國庫會被清空，不能再為其他到期日較晚、但仍未償還的債券支付利息。六%的債息將繼續支付，但本金就沒辦法了。

我能做的是非常便宜地賣了丹麥債券，因為就在證券到期之前一個月它們還在上漲，漲到了九〇%，當時我就賣了。出乎我意料的是，價格一直在上漲，我甚至開始懷疑王子了。不過這種態勢持續時間並不長，因為某個早晨《紐約時報》爆出一條鄭重聲明，內容是：「丹麥政府懷著沉重的心情遺憾地告知民眾——」，接下來的話就是那位王子告訴我的。債券下跌了四〇%。我因聽從了內線消息而獲利。我不會再相信舊約《詩篇》第一四三篇第三節大衛的話了，「除你以外，我別無依靠」。

而下面的這個例子則是錯誤的內線消息惹的禍。

我的好友、巴黎證券經紀公司董事長佩克（Adrien Perquel）在一次共進午餐時告訴我，他剛剛與法蘭西石油公司總裁會談。總裁告訴他，法蘭西石油公司的每股一萬法郎的行情已經太高了，高得離譜。

當時我有大量的這些股票。我感謝他提供的這個來自總裁的資訊，並在接下來幾天一股腦拋出去。當股票繼續快速上漲時，我甚至做空了一些。

在我賣出之後，這支股票像火箭般直衝每股六萬法郎。

這是我從幾十條內線消息中獲得的經驗，我只想提其中幾條。

196 您如何看待一流專家的股票分析？

遺憾的是，我對於專家的分析大多數的經驗也是負面的，和內線消息一樣。一個特別典型、特別有啟發意義的例子是「賓州中央鐵路公司」（Penn-Central）。賓州中央鐵路公司的故事是美國鐵路公司冒險小說中的一段特殊篇章。美國鐵路公司與政府、工會、用戶以及印第安人之間的鬥爭已經持續了一個多世紀。

全球經濟危機導致了當時的七十家鐵路公司有五十四家在二次大戰中破產，剩餘的許多也是苟延殘喘，經濟實力極其羸弱，紐約中央鐵路公司（NYC）就是其一，屬於「邊界線鐵路公司」。股市行話這樣稱呼它時，不是指它沿著州邊界線開，而是它們總是走在破產的邊界。二次大戰爆發前，在一九三九年的一天，鐵路經濟發生了大變化，投機商掙到前所未有的利潤。

紐約中央鐵路公司打從誕生那天起，就常常徘徊於「破產邊界線」。我還清楚記得三〇年代在紐約市債券上的投機，當時，價格特別低，只有面值的二〇%到二五%，存在嚴重的破產風險。我們忐忑不安地等待著，不知道到期的債息是否會支付。不久，傳來好消息，價格走勢也開始上揚。同樣的遊戲在每半年的債息到期日重演。這筆投機交易對於心臟病患者來說是不適合的。三十五年後，在一九七〇年六月，華爾街的投機商又經歷了同樣的恐懼。政府會資助賓州中央鐵路公司嗎？讓所有人震驚不已的是答案最初是否定的，政府不出錢救它。經過了這麼多年的風雨飄搖以後，這家公司最終還是無可奈何地跨過了破產的邊界線。股價也從十三美元跌到了八美元，誰能料想，就在一年前，股價是八十七美元！

當然，二戰之後至一九七〇年這段時間，紐約中央鐵路公司也經歷了幾段不同的輝煌時期。股票慢慢升值，然後愈漲愈快，最終紐約中央鐵路公司和賓州鐵路公司合併，力排眾議，組建了賓州中央鐵路公司。

經驗豐富的金融專家一直在高度科學的基礎上研究公司合併可能產生的結果。每個細節都被詳細研究：列車車廂多少節、鐵路軌道多長、員工的政治態度如何、乘客的心理、材料的品質、物資的運輸等等。有尖端科學的裝備，有電腦的輔助，鐵路專家和教授計算出來，合併後的公司預計每股盈餘可達七美元。自合併之後不到兩年，預計七美元的每股盈餘沒有實現，不光彩的是，每股還虧損四美元。

除了政治因素外，政府是不能對企業實施緊急救助手段的。數十萬的小股民因為專家的失誤而損失了自己的多年積蓄。

賓州中央鐵路公司的隕落肯定讓金融界的人們在很長時間內都無法忘懷。它也是一個很好的例證，說明那些最好的專家的金融分析有多大的價值。

197 專業人士的分析有點像內線消息吧？

對。其實就是沒有用。工程師、發明家、技術人員、科學家、會計師甚至公司董事長都沒有資格評斷股價。他們不能論斷一檔股票是漲得太高了，還是跌得太低了。他們知道得太多了，知識太多最終對炒股有害。因為知識會扼殺想像力。

198 如果可以不管資產負債表，為什麼還要做一份清白誠實的資產負債表呢？

毫無疑問，在七〇年代的關鍵時刻，美國的大銀行也曾向完全資不抵債的公司提供更多貸款，以免它們登記破產。這些公司雖然倒閉了，但仍然保留著辦公室，電話和秘書。它們存在於紙面上，還在呼吸，因此債權銀行不必註銷它們的債權。

這種情況在各行各業不勝枚舉，無論是進出口貿易貸款，是抵押貸款，還是油輪應收帳款等等。銀行對房地產和房地產投資公司有數十億美元的債權，這些債權全部被凍結，可能沒有一筆抵押貸款是用房地產的價值來支付。對許多船運公司來說，作為擔保的油輪幾乎是一文不值的廢鐵，但經聯準會同意，貸款自動延期。

如果這些公司或其債權銀行編製了誠實的資產負債表，它們早就破產了，但沒有人強迫它們。為什麼要這樣做呢？不痛不癢地混日子不是更明智嗎？在股市專業人士和理財專員中流傳著這樣一句老話：「如果我們有那麼多錢來過好日子，我們都會成為洛克菲勒。不當洛克菲勒也能活得很好，有時甚至比許多清教徒式的百萬富翁活得更好。」

除了上述債券外，銀行的投資組合中還有數十億美元的紐約市債券，紐約市能否支付其利息似乎成問題。結果呢？什麼也沒發生！債務被合併了。一切都像時鐘一樣運轉。

投機者語錄之六

- 股市不僅會預期明年發生的事件，還會預期大眾對明年的預期。換句話說，就是預期的預期（預期的平方）。
- 股市下跌，人們仍然可以說市場堅挺；或者情況相反，股市升了，那人們仍然可以相信市場的技術因素走弱。
- 商業經濟學家、工業工程師、經濟學家和其他專家都應該遠離股市。對於那些希望用科學方法應對股市的人來說，這是個危險的陷阱。我只能為他們引用但丁的話：「把所有希望都拋在腦後吧，你們這些進入此處的人。」
- 如果說到錢那就只有一句話：愈多愈好。
- 人不應該允許自己跟股票戀愛，必須在危險來到時拋棄它！
- 人永遠不能追的，除了電車以外，還有股票；只有耐心地等待下一班到來。
- 股市上有兩件事情最難，接受虧損和不贏小利。其實最難的還是有自己獨立的見解和逆流而行的勇氣。
- 股市瞬息萬變，當一樁事件在市場上會引起大眾的心理變化時，那這件事就該立即發生，否則第二天人們就會忘記了。

- 一個政府愈否認可能會採取的措施，就愈有可能在日後採用。
- 在老富豪眼中，成功新人總是暴發戶。他們不能理解，隨著時間推移也會出現一些新的有錢人，往往懷疑成功的背後有什麼可疑和不可告人的東西。
- 對股民來說，臭的不是錢，而是損失的錢！
- 要是股票投機那麼容易，那世界上就不會有什麼礦工、樵夫了，人人都去當投機者了。
- 真正有主見的是能不藉任何理由就謝絕邀請的人。
- 只有那些在經濟和金融新聞領域毫無經驗的人，才能編造出近來的恐怖消息。
- 頑固的樂觀主義者轉向悲觀主義者的那一天，就是股票下跌的轉捩點。反過來說道理也一樣，當那些頑固的悲觀主義者變得樂觀時，你必須盡快離開股市。
- 對那些緊張的投機者來說，最令他們精神緊張的，恰恰是股市開始上漲而他們手裡又沒有股票的時刻。
- 為了在事業上成功，人們必須大智若愚，但必須非常清醒地思考。
- 當人們在股市上因聽從專家建議而賺了錢的時候，我們可以說這是一種成功；沒有聽從建議的話，那就是更大的成功；如果與專家的建議相反行事而賺錢，則是一個了不起的成功。

- 有一次我坐在著名股市大師的課堂裡（最好別講出他的名字），實在聽不下他那荒謬的分析，於是站了起來，鄰座問我：「你這就想離開我們嗎？」「離開？」我回答：「不，我要走了。」
- 你不需要有資本，而是必須有零用錢。有的人甚至還更偏愛零用錢。
- 當投資基金能為人們帶來特別大的收入的時候，就表明向上週期的第三階段已接近尾聲。

附錄　科斯托蘭尼的投機測驗

您可以透過下面的測試來了解是否應該將手裡的錢購買固定利息債券，或者您是否是一個優秀的投機者。如實回答下列問題，並請在最後算一下您一共答了多少個A和多少個B，具體的評析內容附在後面。

題目

1 您計畫長途旅行時，會：

A 幾個月前就已經做好了計畫。

B 臨近時才做計畫。

2 交通燈號是紅燈，但是並沒有別的汽車來時，您會：

A 您等到綠燈時再走。

B 紅燈時您就通行。

3 您在什麼時候心情比較好：

A 早晨。

B 晚上。

4 您盤子裡有一個特別好吃的東西，會：

A 留到最後再吃。

B 馬上就去吃。

5 您選擇藝術品主要是根據：

A 其投資價值來選。

B 自身的愛好。

6 您第一次到一個陌生的國家去遊玩，會去哪兒用餐：

A 您是去一個別人推薦的、自己國家口味的餐館。

B 去一個不熟悉的當地口味的餐館。

7 您從巴黎回去給您的夫人帶什麼樣的禮物：

A 她最喜歡的香水。

B 一個新品牌的您喜歡的香水。

8 當您在飛機上正在尋找自己的座位時，選擇的標準是：

A 安全舒適。

B 和什麼人挨在一起。

9 您去賭輪盤的時候喜歡的是：

A 碰運氣，賭輸贏各占一半的。

B 賭一個數字的。

10 當您去租房子的時候所看重的是：

A 房子的式樣。

B 周圍的環境。

11 在去看驚悚片的路上您已經知道了誰是兇手，那麼您會：

A 照常去看這個電影。

B 不去看了。

12 您的公司搬了家，您也跟著搬到了別的城市，會有什麼感覺：

A 這給您帶來困擾。

B 很期待。

13 您想讓您的夫人：

A 留在家裡當家庭主婦。

B 出去工作。

14 依照您的觀點，家庭生活中的哪種情況更好一些：

A 先生精打細算，夫人慷慨大方。

B 先生大手大腳，夫人很節儉。

得分

得14個A：所有的一切對您來說都是安全第一。您對新事物總是抱持不怎麼肯定的感覺，新事物帶給您的是更多的憂慮而不是興奮。如果您掙錢的話，最關心的是如何保住錢。您的投資策略應該帶來可預測的精確結果：把你的錢存在銀行戶頭裡，向銀行詢問有哪些固定利息的投資，並請他們向你推薦短期債券。

得6至10個A：您不排斥冒險，但需要基本的安全感。我認為你是一個「精打細算的風險承受者」。即您愈接近10個A，承擔風險的意願就愈高。有高利率的中期債券、高收益債券和股票中的「藍籌股」，你應該廣泛購買（分散國家）。

得14個B：您是典型的投機者。您必須靈活利用您的資金，這意味著您無法選擇更長期的投資方式。您必須不斷關注股市和世界上發生的一切，並且立即做出反應；有時候，您手中握著很多股票，有時候，您手裡又一檔股票也沒有，因為您在等待時機。您不是投資者——而是投機者。但是，如果做不到這一點（因為您可能沒有時間），還是將資產存入銀行吧。

科斯托蘭尼的評論

1　股票投機家最重要的特點之一就是掌握隨機應變的藝術。

2　懼怕任何風險的人，應該遠離股市和所有股票。

3　那種喜歡早起的人，早晨一起床就精神飽滿，傍晚之前把體力花光。按部就班地做一天的工作，不會有什麼意外的事發生；就像是他從銀行領利息一樣，沒有意外。

4 選擇A的人，只要您餓了，就會盡情享用美食；選擇B的人，盤子裡有好吃的捨不得吃，要的是一種安全感。那麼您也希望有一種安全感，最終會得到您的資本成果——利息。

5 浪漫主義者只按照自己的愉悅而去買昂貴畫作，適合去投機。

6 在異國情調的餐廳裡，等待投機者的將是一個驚喜——即使驚喜可能會變驚嚇。

7 您連給夫人帶回一瓶新牌子的香水都不敢，那您還想在事關錢財的股票市場上幹什麼？

8 投機者為了結識有趣的新朋友，會忽視一些小風險或小麻煩。

9 如果您已經在輪盤賭桌上了，卻連兩馬克或五馬克都不想賭，那就繼續存錢吧。

10 投機者不太關注顯而易見的實際問題，他只想看到美麗的風景。

11 已經沒有什麼懸念可言的驚悚片，對於一個投機者來說也就沒有什麼好看的了。另一方面，喜歡儲蓄的人明知結果，但還是要去看，他所要等待的就是知道結果的事情：利息。他們不介意提前知道未來。

12 投機者不會輕易被嚇倒。畢竟，他們習慣了變化。

13 如果您不想讓夫人出去工作，舒適對您來說比什麼都重要；股市可不是一個讓人感到舒適的地方。

14 投機者當然知道節約是明智之舉；但是，他寧願讓別人去做這件事。

跋 股市解剖學

親愛的讀者，現在我只希望您在看了這本書以後，理解了書中的要領，對股市有了解剖學般的掌握。

我向您介紹了我的原則，現在就該輪到您自己想一想了，該怎麼行事？在生活中如此，在股市上仍然是如此：最有意義的事情是讓別人思考一下。我知道，我知道，聽從經紀人、銀行家、大師和媒體的意見，而不是自己思考，是很有誘惑力。但是，試著獨立思考，你會發現這是一種真正的樂趣，就像玩牌的人喜歡決定出黑桃J還是紅桃Q一樣。一句老話是這麼說的：「知識每個人都有，只是思考的藝術是老天罕見的恩賜。」

股市不是賭場，儘管上百萬的人把它變成了賭場。像很多人所斷言的那樣，股市是沒有音樂的蒙地卡羅。股市有它自己的音樂，只是人們必須有勇氣去接受。投機會給人帶來意想不到的愉悅，特別是當你所做的決定是和股市主流相悖的時候；這個時候內心的愉悅，已經超越了最終的獲利結果。

股票投機就如同一場難度高的撲克大戰，對手很狡詐、牌局很複雜；當然，每個人都必須了解遊戲規則，這是前提。這不是簡單的數學運算，因為整個世界都充滿了意外和不確定性。即使一切順利，成功也不會立竿見影。早在四十年前我就創造了一個公式，在股票市場上二乘以二不是四，而是五減一。剛剛接觸股市的時候，人們會感覺到事情總不會按照預期，最終人們會等到它，你只需要能夠等待「減一」的到來。而這很難，因為只有一〇%的投機者能熬過這個致命的「減一」。他們要麼缺乏耐心，要麼缺乏資金，要麼缺乏信念。這就是為什麼我一直重複說，在這個邪惡的股市上賺到的錢（不是得到的錢）是「痛苦的錢」。先苦後甜。

很多人問我，為什麼我都八十多歲高齡了還能如此活躍，很想知道我是怎麼做到這一點。眾所周知，心智體操就是一劑良藥。作為一個投機者，我必須不斷思考、反省，甚至在必要時與自己辯論，我每天都能學一些這方面的東西。

我還必須考慮十年後股市格局，因為作為投機者，我的人生是從八十歲開始的。

國家圖書館出版品預行編目(CIP)資料

一個投機者的股市解答之書 / 安德烈・科斯托蘭尼 (André Kostolany) 著；鄧小紅，梁東方譯. -- 初版. -- 臺北市：城邦文化事業股份有限公司商業周刊, 2024.09
面； 公分
譯自：Kostolanys Börsenseminar : Für Kapitalanleger und Spekulanten
ISBN 978-626-7492-43-7(平裝)
1.CST: 股票投資 2.CST: 投資技術 3.CST: 投資分析
563.53 113012041

一個投機者的股市解答之書

作者	安德烈・科斯托蘭尼（André Kostolany）
譯者	鄧小紅、梁東方
商周集團執行長	郭奕伶
商業周刊出版部	
責任編輯	林雲
封面設計	bert
內頁排版	林婕瀅
校對	呂佳真
出版發行	城邦文化事業股份有限公司 - 商業周刊
地址	115台北市南港區昆陽街16號6樓
	電話：（02）2505-6789　傳真：（02）2503-6399
讀者服務專線	（02）2510-8888
商周集團網站服務信箱	mailbox@bwnet.com.tw
劃撥帳號	50003033
戶名	英屬蓋曼群島商家庭傳媒股份有限公司城邦分公司
網站	www.businessweekly.com.tw
香港發行所	城邦（香港）出版集團有限公司
	香港灣仔駱克道193號東超商業中心1樓
	電話：（852）25086231 傳真：（852）25789337
	E-mail：hkcite@biznetvigator.com
製版印刷	中原造像股份有限公司
總經銷	聯合發行股份有限公司 電話：（02）2917-8022
初版1刷	2024年 9 月
四版8.5刷	2024年10月
定價	台幣380元
ISBN	978-626-7492-43-7（平裝）
EISBN	9786267492369（PDF）
	9786267492376（EPUB）

紅沙龍

Try not to become a man of success but rather to become a man of value.
～Albert Einstein (1879 - 1955)

毋須做成功之士，寧做有價值的人。 —— 科學家　亞伯・愛因斯坦